BERATEN IN DER ARBEITSWELT

Herausgegeben von
Stefan Busse, Rolf Haubl und Heidi Möller

Thomas Giernalczyk / Heidi Möller

Entwicklungsraum: Psychodynamische Beratung in Organisationen

Mit 13 Abbildungen und 2 Tabellen

Vandenhoeck & Ruprecht

Bibliografische Information der Deutschen Nationalbibliothek:
Die Deutsche Nationalbibliothek verzeichnet diese Publikation in der
Deutschen Nationalbibliografie; detaillierte bibliografische Daten sind
im Internet über http://dnb.de abrufbar.

© 2018, Vandenhoeck & Ruprecht GmbH & Co. KG,
Theaterstraße 13, D-37073 Göttingen
Alle Rechte vorbehalten. Das Werk und seine Teile sind urheberrechtlich
geschützt. Jede Verwertung in anderen als den gesetzlich zugelassenen Fällen
bedarf der vorherigen schriftlichen Einwilligung des Verlages.

Umschlagabbildung: Yindee/shutterstock.com

Satz: SchwabScantechnik, Göttingen
Druck und Bindung: ⊕ Hubert & Co. BuchPartner, Göttingen
Printed in the EU

Vandenhoeck & Ruprecht Verlage | www.vandenhoeck-ruprecht-verlage.com

ISSN 2625-6061
ISBN 978-3-525-40298-6

Inhalt

Zu dieser Buchreihe 9

Vorwort 11

1 Organisationen im Wandel 13

2 Arbeitskonzepte – Theorien für die Praxis 15
   2.1 Primäre Aufgabe 17
   2.2 Primäres Risiko 18
   2.3 Emotionalität der Arbeit 19
   2.4 Psychosoziale Abwehr 20
   2.5 Übertragung und Gegenübertragung 24
   2.6 Containment 26
   2.7 Innovationskultur 28
   2.8 Rolle und Erwartungen 31
   2.9 PS-Modus und D-Modus als unbewusste Handlungsmuster 32
   2.10 Führungskräfte als Übertragungsfiguren 34
   2.11 Führung und Gefolgschaft 35
   2.12 Umgang mit negativen Emotionen und Erzeugung von Engagement und Leidenschaft 37
   2.13 Mentalisierung in der Arbeitswelt 38
      2.13.1 Regression 40
      2.13.2 Mentalisierung im Team und in der Organisation 42
      2.13.3 Zum methodischen Vorgehen 43

3 Coaching – Triangulierung verstehen 45
 3.1 Die Triangulierungskompetenz im psychodynamischen Coaching 46
 3.2 Containment als Arbeitshaltung 48
 3.3 Konfliktachsen der operationalisierten psychodynamischen Diagnostik als Koordinatensystem 49
 3.4 Das Objektbeziehungsdreieck 51
 3.5 Zusammenfassung wesentlicher Arbeitsprinzipien 53

4 Teamentwicklung – neue Muster der Zusammenarbeit ermöglichen 55
 4.1 Ablauf einer Teamentwicklung 56
 4.2 Modell zur Teamdiagnose 60
 4.3 Merkmale psychodynamischer Teamentwicklung 62

5 Teamsupervision – fortlaufende Reflexion der Primäraufgabe 65
 5.1 Nutzung von Spiegelungsphänomenen 65
 5.2 Interventionsebenen des Supervisors 66
 5.3 Methodik psychodynamischer Teamsupervision 69

6 Konfliktmediation – von der Vulnerabilität zur symbolischen Decke 72
 6.1 Erweiterung des Konfliktverständnisses 73
 6.2 Untersuchung des manifesten und latenten Konfliktes 74
 6.3 Bearbeitung aktivierter psychodynamischer Konfliktthemen 76
 6.4 Das gemeinsame Gespräch der Konfliktparteien 79

7 Organisationskulturen gestalten – Eigendynamiken erkennen und Spielräume eröffnen 81
 7.1 Hilfreiche Fragen zur Organisationskultur 83
 7.2 Evolution als Perspektive auf Organisationskulturen 85
 7.3 Kann man als psychodynamischer Organisationsberater Kulturen gestalten und diese aktiv verändern? 86

8 Changemanagement – Subkulturen als Initiatoren nutzen 87
- 8.1 Nowland und Nextland, die Arbeitsweisen wandeln sich 87
- 8.2 Containment als Innovationsmotor 88
- 8.3 Diagnosemodell für Organisations- und Kulturentwicklung 89
- 8.4 Emotionalität als Changefaktor 90
- 8.5 Die Förderung von Subkulturen 91

9 Strategieentwicklung – Komplexität beidhändig bearbeiten 94
- 9.1 Das Graswurzelmodell 96
- 9.2 Die Antworten psychodynamischer Strategieentwicklung 97
- 9.3 Das Cynefin-Framework 100

10 Selbstreflexion als persönliche Voraussetzung des Beraters 102
- 10.1 Die Rolle der eigenen Emotion 102
- 10.2 Stetige Supervision oder Intervision 102
- 10.3 Die Bedeutung der Selbsterfahrung 103

11 Literatur 105

Zu dieser Buchreihe

Die Reihe wendet sich an erfahrene Berater/-innen und Personalverantwortliche, die Beratung beauftragen, die Lust haben, scheinbar vertraute Positionen neu zu entdecken, neue Positionen kennenzulernen, und die auch angeregt werden wollen, eigene zu beziehen. Wir denken aber auch an Kolleginnen und Kollegen in der Aus- und Weiterbildung, die neben dem Bedürfnis, sich Beratungsexpertise anzueignen, verfolgen wollen, was in der Community praktisch, theoretisch und diskursiv en vogue ist. Als weitere Zielgruppe haben wir mit dieser Reihe Beratungsforscher/-innen, die den Dialog mit einer theoretisch aufgeklärten Praxis und einer praxisaffinen Theorie verfolgen und mitgestalten wollen, im Blick.

Theoretische wie konzeptuelle Basics als auch aktuelle Trends werden pointiert, kompakt, aber auch kritisch und kontrovers dargestellt und besprochen. Komprimierende Darstellungen »verstreuten« Wissens als auch theoretische wie konzeptuelle Weiterentwicklungen von Beratungsansätzen sollen hier Platz haben. Die Bände wollen auf je rund 90 Seiten den Leserinnen und Lesern die Option eröffnen, sich mit den Themen intensiver vertraut zu machen, als dies bei der Lektüre kleinerer Formate wie Zeitschriftenaufsätzen oder Hand- oder Lehrbuchartikeln möglich ist.

Die Autorinnen und Autoren der Reihe werden Themen bearbeiten, die sie aktuell selbst beschäftigen und umtreiben, die aber auch in der Beratungscommunity Virulenz haben und Aufmerksamkeit finden. So werden die Texte nicht einfach abgehangenes Beratungswissen nochmals offerieren und aufbereiten, sondern sich an den vordersten Linien aktueller und brisanter Themen und Fragestellungen von Beratung in der Arbeitswelt bewegen. Der gemeinsame Fokus liegt dabei auf einer handwerklich fundierten, theoretisch verankerten und gesellschaftlich verantwortlichen Beratung. Die Reihe versteht sich dabei als methoden- und schulenübergreifend, in der nicht einzelne Positionen prämiert werden, sondern zu einem transdisziplinären und interprofessionellen Dialog in der Beratungsszene angeregt wird.

Wir laden Sie als Leserinnen und Leser dazu ein, sich von der Themenauswahl und der kompakten Qualität der Texte für Ihren Arbeitsalltag in den Feldern Supervision, Coaching und Organisationsberatung inspirieren zu lassen.

Stefan Busse, Rolf Haubl und Heidi Möller

Vorwort

In Zeiten raschen Wandels und disruptiver Entwicklungen gewinnt die Perspektive der psychodynamischen Organisationsberatung eine besondere Aktualität. Um diesen Wandel gestalten und leben zu können, brauchen Organisationen und ihre Mitglieder mehr denn je ein passendes psychologisches Verständnis und psychologische Kompetenzen wie innezuhalten, über Emotionen nachzudenken und mit komplexen und dabei vorläufigen Lösungen zu arbeiten.

Thomas Giernalczyk und Heidi Möller sind ausgewiesene Experten im Schnittfeld von praktischer Organisationsberatung in unterschiedlichen Organisationskulturen, neuester universitärer Forschung und angewandter Psychoanalyse. Sie stellen mit diesem konzeptuell präzisen und für die Praxis relevanten Band ein ungemein lesbares Update von klassischen psychodynamischen Organisationskonzepten vor. Spannend ist insbesondere, wie sie das im psychologisch-psychotherapeutischen Feld bewährte diagnostische Instrument der OPD (operationalisierte psychodynamische Diagnostik) auf die Diagnostik im Coaching und die Darstellung von Konflikten in Organisationen anwenden. Oder wie das zentrale psychodynamische Konzept des Containments, also der Fähigkeit, auch unter Stress nachdenken und Eindrücke verarbeiten zu können, auf die Arbeit mit Führungskräften angewandt und fruchtbar gemacht wird. Giernalczyk und Möller verbinden diesen kompakten Überblick elegant mit aktuellen Entwicklungen in der allgemeinen Organisationstheorie, die durch die Entwicklungen von New Work, Arbeiten 4.0 und Digitalisierung angestoßen wurden. Sie lenken unseren Blick insbesondere auf die psychologische Dimension von Change Management und

Transformation und verbinden sie mit frischen Konzepten aus der psychologisch-psychotherapeutischen Forschung und Praxis. So zeigen sie z. B. eindrücklich die Bedeutung der Fähigkeit zu mentalisieren, also die Welt mit den Augen des Gegenübers sehen zu können bzw. ihm die Einfühlung in die eigene Sicht zu ermöglichen. Sie analysieren die Rolle von »inner work«, der Reflexions- und Verarbeitungsfähigkeit von Widersprüchen und Dilemmata, wie sie insbesondere in neuen Arbeitsformen auftreten. Und sie entwickeln die Bedeutung der »symbolischen Decke« als Boden der Gemeinsamkeit in der Konfliktmoderation.

Damit gewinnen Leser/-innen eine klare Orientierungshilfe beim Umgang mit den Problemstellungen von Führung und Beratung und vielfältige Anregungen, wie sie in Zeiten raschen Wandels führen und beraten können. Daher sei allen aus dem Bereich Führung, Beratung, aber auch Forschung und Ausbildung dieser kompakte und spannend zu lesende Band wärmstens empfohlen.

München   Mathias Lohmer

1 Organisationen im Wandel

Die psychodynamische Beratung bietet einen geschützten Reflexionsraum in Organisationen, wie z. B. in Wirtschaftsunternehmen, in der öffentlichen Verwaltung, in sozialen Dienstleistungsunternehmen, in Bildungseinrichtungen und im Gesundheitswesen. Die Nachfrage hierfür ist in den letzten Jahren gestiegen – vor dem Hintergrund der »üblichen Verdächtigen«, wie Kühl (2008, S. 19) die Determinanten des erhöhten Beratungsbedarfs nennt: die immense Komplexität der Organisationen, die kaum noch zu bewältigenden Entscheidungsanforderungen, die Tempoverschärfung, der technologische Fortschritt, die Entgrenzung der Arbeitswelt, die Digitalisierung und schließlich die Globalisierung mit ihren Anforderungen und Krisen. All diese strukturellen Veränderungen haben zur Folge, dass sich das Verhältnis von Erwerbstätigkeit und Privatsphäre verschiebt. Den Arbeitskraftunternehmern[1] (auch Angestellte verstehen sich als Unternehmerinnen ihrer eigenen Arbeitskraft) wird immer mehr Flexibilität und Mobilität abverlangt. Die zeitliche und räumliche Entgrenzung der Arbeit hat zur Folge, dass über neue Arbeitszeitmodelle nachgedacht wird und die Arbeit nicht mehr an einen festen Ort gekoppelt ist. Das birgt einerseits Chancen, wie Telearbeit für junge Eltern, andererseits Gefahren, wie Überforderung durch ständige Erreichbarkeit. Viele junge Menschen befinden sich in prekären Arbeitsverhältnissen, befristeten Verträgen oder Projekten, was dazu

---

1 In diesem Band werden abwechselnd die weibliche und männliche Form verwendet. Im Sinne der gendersensiblen Sprache mögen sich alle Geschlechtsidentitäten mitgemeint fühlen.

führt, dass eine zusammenhängende Berufsbiografie kaum noch geschrieben werden kann (Möller, 2010). Auf der anderen Seite gibt es neben Arbeit 4.0 vielversprechende »New-Work«-Ansätze in Unternehmen, in denen aufgrund der veränderten Produktionsverhältnisse neue, selbstgesteuerte Arbeitsformen und sinnerfüllte Arbeit als Erfolgsfaktoren gesetzt werden (Lalaux, 2015). Die psychodynamische Beratung greift diese Spannungsverhältnisse auf und setzt sich explizit mit Emotionalität als vernachlässigtem Faktor in der Unternehmenswelt auseinander. Sie fördert emotionales Denken, bei dem assoziative Momente eine wichtige Rolle spielen. Darüber hinaus hat sie elaborierte Konzepte, die beschreiben, unter welchen Bedingungen sich Innovation und Veränderungen entfalten können. Psychodynamische Beratung bezieht in ihrem soziotechnischen Ansatz sowohl Individuen als auch Organisationsstrukturen und -prozesse systematisch in den Prozess mit ein (Giernalczyk u. Lohmer, 2012).

2 Arbeitskonzepte – Theorien für die Praxis

Die Tradition der psychodynamischen Organisationsberatung ist durch Zentren wie das Tavistock Institute of Human Relations in London mit Autoren wie Anton Obholzer und Eric Miller, durch die Gruppe um Larry Hirschhorn in den USA, durch Manfred Kets de Vries in den Niederlanden und durch eine deutsche Tradition mit Autorinnen wie Heidi Möller, Ross Lazar, Rolf Haubl, Thomas Giernalczyk und Mathias Lohmer etabliert worden. International sind diese Berater in der ISPSO (International Society for the Psychoanalytic Study of Organizations) miteinander verbunden. Wir wollen zu Beginn vier Merkmale psychodynamischer Organisationsberatung herausstellen, die wir im Folgenden anhand zentraler Arbeitskonzepte (vgl. Abbildung 1) vertiefend darstellen.

1. Neben den »Spielregeln« einer Organisation achtet die psychodynamische Beratung besonders auf den Umgang mit Emotionen und dem Unbewussten in der Organisation. Dies führt zu Fragen wie: Welche Gefühle und Empfindungen erzeugt die Art der Arbeit und wie werden diese bewältigt? Welche psychosozialen (kollektiven, organisationalen) Abwehrmechanismen werden benutzt, um schwierige Emotionen abzuwehren? Gelingt es der Organisation, Leidenschaft (»passion«) für die Arbeit zu wecken? Kann sinnvolle Arbeit geschehen oder wird diese durch Abwehrmanöver behindert?
2. Psychodynamische Beraterinnen rechnen immer damit, zeitweise von der Systemdynamik »infiziert« zu werden – nutzen dies aber im Sinne einer erlebten Gegenübertragung als wichtiges Diagnostikum in der Beratung (Welche Rolle wird mir gerade zugewiesen?

Abbildung 1: Arbeitskonzepte psychodynamischer Organisationsberatung (Giernalczyk, Lazar u. Lohmer, 2015)

Was befürchte ich oder will ich unbedingt?). Das Beraterteam, die Kolleginnengruppe, Supervision und Intervision werden deshalb regelmäßig genutzt, um diese Verwicklung, Ansteckung und Gegenübertragung erkennen und nutzen zu können.

3. Für die Haltung des Beraters, die Gestaltung einer Beratungsarchitektur, aber auch für die Haltung von Führungskräften ist uns der psychoanalytische Begriff des Containments wichtig. Damit ist eine Haltung gemeint, in der Beraterin oder Führungskraft Spannungen, Konflikte – kurz: »Unverdauliches« – aus dem System zunächst in sich aufnehmen, innerlich halten, darüber nachdenken und es erst dann in einer geeigneten Weise zurückgeben. Diese stellvertretende Verarbeitung hat oft eine verblüffende, ansteckende Wirkung auf das zu beratende System.

4. Die psychodynamische Beratung vertraut darauf, den »gesunden, interessierten, entwicklungsorientierten Ich-Anteil« der Kunden und Klientinnen durch Beschreibungen, Interpretationen und »Geschichten«, die zur Verfügung gestellt werden, zu erreichen.

(»Wenn ich miterlebe, wie Sie gerade hier diskutieren, habe ich den Eindruck, dass es angesichts dieser schwierigen strategischen Entscheidung sehr verführerisch ist, in diese polaren Gegenpositionen zu gehen – obwohl Sie vermutlich alle beide Seiten in sich erleben.«) Dies ermöglicht dann häufig einen Integrationsschritt im zu beratenden System (Wimmer et al., 2017).

2.1 Primäre Aufgabe

Aus der Perspektive des Tavistockmodells hat jede Organisation eine Primäraufgabe. Die Primäraufgabe ist die vordringliche Aufgabe, die eine Organisation ausfüllen muss, um ihr Fortbestehen zu sichern. Sie leitet sich aus dem Verhältnis von Input und Output ab. Außerdem bestimmt die Primäraufgabe, welcher Input in welchen Output verwandelt werden soll. Somit beschreibt sie die zentralen Zwecke und die wesentlichen Praktiken der Organisation (Miller u. Rice, 1990). In anderen Modellen der Organisationsdiagnostik wird von der Identität (Glasl, Kalcher u. Piber, 2014) gesprochen: Wer sind wir und welchen einmaligen Nutzen stiften wir?

Die Primäraufgabe ist ein heuristisches Konzept, das den Zweck der Organisation und seine wichtigsten Vorgehensweisen in das Zentrum der Betrachtung rückt. Aus der Primäraufgabe lassen sich also Ziele, Strategien und konkrete Maßnahmen ableiten. Die Diskussion mit Führungskräften über die Primäraufgabe ihrer Organisation zeigt jedoch oft, dass es keine gemeinsame Klarheit über sie gibt. Dementsprechend werden die Aktivitäten nicht in diesem Sinne, sondern eher entlang bekannter Routinen organisiert, die vor Ängsten und unbequemen Einsichten schützen. Aufgrund permanenter Veränderungen der Umwelt und des Marktes müssen sich Organisationen an die Erfordernisse anpassen, um überlebensfähig zu bleiben. Diese Veränderung wandelt auch die Primäraufgabe der Organisation. Lautete die Primäraufgabe von Kliniken in der Vergangenheit »Patienten behandeln«, so heißt sie inzwischen »Patientinnen behandeln und dabei gewinnbringend sein«.

Das Konzept ist somit eine effektive Komplexitätsreduktion. Durch die Diskussion der Primäraufgabe kommen Führungskräfte und Mitarbeiter auf die Grundfragen: Um was geht es hier eigentlich? Was müssen wir tun, um unser Überleben zu sichern? Was bestimmt unser Vorgehen über die offizielle Strategie hinaus? Wie müssen wir uns verändern, damit wir die Primäraufgabe optimal erfüllen?

> (?) Leitfragen für die Primäraufgabe
>
> ▶ Mit welchen Praktiken und Vorgehensweisen werden die wichtigsten Ziele erreicht?
> ▶ Was sichert unsere Existenz?

2.2 Primäres Risiko

Das primäre Risiko beschreibt die Gefahr, falsche Entscheidungen hinsichtlich der strategischen Ausrichtung einer Organisation zu treffen. Es geht um das Risiko, das entsteht, wenn sich eine Elektronikherstellerin aus der Produktion von Mobiltelefonen zurückzieht, statt sie weiterzubetreiben. Das primäre Risiko beschreibt damit auch die Unsicherheit und die emotionalen Auswirkungen, die mit strategischen Entscheidungen verbunden sind (Hirschhorn, 2004).

Beim Betrachten des primären Risikos entsteht somit die Herausforderung, die primäre Aufgabe einer Organisation richtig zu wählen und damit die Existenz der Organisation zu schützen. Entsprechend der Gestaltpsychologie können die gewählte primäre Aufgabe als Figur und die nichtgewählte primäre Aufgabe als Grund beschrieben werden. Je nachdem, worauf man sein Augenmerk richtet, tritt die Figur oder der Grund in den Vorder- oder Hintergrund. Das bedeutet: Auch wenn man sich für eine Aufgabe/Strategie etc. entscheidet (Figur), sind die anderen Dinge noch existent (Grund) und können durch eine Verschiebung des Fokus in den Vordergrund gerückt werden.

In einem weiteren Sinne kann unter dem primären Risiko auch die Gefahr verstanden werden, die durch die Aufgabenerledigung entsteht. Da jede Arbeit mit Risiken verbunden ist, erzeugt jede Form der Tätigkeit auch negative Emotionen. Das Betreiben einer technischen Anlage kann zu gefährlichen Störungen wie einer Explosion führen, im medizinischen Kontext kann der behandelte Patient Schaden nehmen oder ums Leben kommen.

(?) Leitfragen für das primäre Risiko

- ▶ Wie lautet unsere Strategie und gegen welche Alternative haben wir uns entschieden?
- ▶ Woran merken wir, ob wir auf dem richtigen Weg sind?
- ▶ Welche Risiken begleiten unsere tägliche Arbeit? Wie gehen wir mit den daraus resultierenden Emotionen um?
- ▶ Bleiben wir gefahrenbewusst oder wiegen wir uns in falscher Sicherheit?

2.3 Emotionalität der Arbeit

Der klassische Tavistockansatz fokussiert auf negative Emotionen wie Ängste, die durch Arbeitsprozesse freigesetzt werden. Im jüngeren Tavistockansatz werden verstärkt die positiven Emotionen, die mit Arbeit verbunden sind, untersucht. Larry Hirschhorn (2017) konzentriert sich auf die affektiven Zustände des Engagements und der Leidenschaft. Seine zentrale These lautet, dass die zentralen Vorbedingungen für Engagement flache Hierarchie und funktionierende Teamarbeit sind. Umgekehrt gedacht, wird Langeweile und Entfremdung durch Belebung der Arbeitsgruppe, das Schaffen sinnvoller Aufgaben und die Stärkung der Autonomie der Mitarbeitenden effektiv entgegengewirkt. Für Hirschhorn ist Leidenschaft die zentrale Emotion, durch die Innovation vorangetrieben wird. Wenn zum Engagement Leidenschaft hinzutritt, dann steigt die Wahrscheinlichkeit für Innovation. Leidenschaft zieht außerdem positive Effekte nach sich: Sie erhöht das Durchhaltevermögen, weckt den Überlebenswillen, stimuliert Problemlösung, fördert Loyalität und führt dazu, dass Arbeit selbstverstärkend wird.

> (!) Emotionen in Organisationen
>
> ▶ Arbeit erzeugt sowohl negative als auch positive Emotionen.
> ▶ Flache Hierarchie und gelingende Teamarbeit erhöhen Engagement.
> ▶ Engagement und Leidenschaft fördern Innovation.
> ▶ Engagement und Leidenschaft bedingen Durchhaltevermögen, Überlebenswillen, Problemlösung, Loyalität und führen dazu, dass Arbeit Selbstverstärkung wird.

2.4 Psychosoziale Abwehr

Psychodynamische Beratung bezieht sowohl die Emotionen als auch ihre Abwehr in den Beratungsprozess mit ein. Unangenehme Emotionen, die aus der Arbeit entstehen, werden auf unterschiedliche Weise aus dem Bewusstsein ferngehalten. Nicht nur Individuen, sondern auch Gruppen, Teams und Organisationen bilden Abwehrmuster, um solche Affekte fernzuhalten (Mentzos, 1988). Findet Abwehr kollektiv statt, so sprechen wir von psychosozialen Abwehrmechanismen.

Dem Konzept der psychosozialen Abwehrmechanismen im Arbeitskontext liegt die Überlegung zugrunde, dass Arbeit Ängste freisetzt, ein primäres Risiko birgt und Umgang mit Gefahren impliziert. Dafür entwickelt jede Organisation soziale Abwehrmechanismen. Ein Beispiel für die Verleugnung von Gefahr findet sich in der deutschen Energieindustrie. Obwohl es eine jahrzehntelange kritische Diskussion zur den Gefahren von Kernenergie gab und weltweit bekannte Störfälle die Öffentlichkeit und Politik aufgeschreckt haben, hat sich die Energieindustrie vor dem Verbot der Kernenergie in Deutschland nicht ernsthaft mit alternativer Energieerzeugung auseinandergesetzt. Sie hat diesen Teil des Risikos psychosozial abgewehrt und so gehandelt, als wäre diese profitable Erzeugungsvariante unendlich gegeben.

Bion (1961/1990) hat im Rahmen seiner Forschung zu Gruppenprozessen unterschiedliche wiederkehrende Muster psychosozialer Abwehr beschrieben. Im *Kampf-Flucht-Muster* sind alle Teilnehmerinnen eines Teams oder Projekts in Auseinandersetzungen verstrickt. Ideen werden sogleich infrage gestellt, Initiativen kritisiert und jeder kann im Laufe der Diskussion zum Gegner des anderen werden. Bei dieser Form der Zusammenarbeit wird sehr viel bewusste Energie auf Selbstbehauptung, Angriff und Verteidigung gelegt. Auf diese Weise werden andere Wirklichkeitsaspekte vernachlässigt. Das *Muster der Abhängigkeit* hingegen ist zumeist damit verbunden, dass der formellen oder informellen Leiterin blind gefolgt wird. Das, was die Leitung vorschlägt, gilt als nicht hinterfragbare Wahrheit. Kontroverse Debatten werden vermieden. Das *Muster der Paarbildung* bringt zwei eingeschworene Partner hervor, die scheinbar die Lösung für alle Probleme kennen. Paarbildung kann sich auch in der Form zeigen, dass sich die Arbeitsgruppe einer rettenden Idee verschreibt und ein beinahe irrationaler Glaube entsteht, dass genau diese Idee und keine andere Erfolg und Fortschritt bringen wird. Wer einmal diese Muster verstanden hat, wird sie in wechselnder Form in zahlreichen, oft unproduktiven Arbeitssitzungen wiederfinden. Über diese Muster, die auch unter dem Begriff der Grundannahmengruppe – als Gegensatz zur funktionierenden Arbeitsgruppe – in die Literatur eingegangen sind, finden sich weitere gemeinschaftlich entwickelte und aufrechterhaltende Abwehrformationen.

Das folgende Beispiel für psychosoziale Abwehr konnten wir in der Arbeit mit klinischen und sozialen Organisationen beobachten: Anstelle – gemeinsam mit der Führung – den Blick auf die Entwicklungsnotwendigkeiten der Institution zu richten, die angesichts der Forderungen und Möglichkeiten der Umgebung (der relevanten Märkte) entstehen, wobei zwangsläufig immer wieder auch unangenehme Gefühle der Hilf- und Hoffnungslosigkeit zu spüren sind, kommt es auch unter den Bedingungen einer aufgeschlossenen und partizipationsbereiten Führung bei den Mitarbeiterinnen auf der Gruppenebene häufig zu einem Hervortreten einer Kampf-Flucht-Grundannahme (Bion, 1961/1990). Diese Verkennung der Realität und Verengung des kollektiven Blicks auf der Gruppenebene erlaubt die Ausblendung der äußeren Realität zugunsten einer Konzentration auf die Vorgänge innerhalb der Organisation. Statt der externen Herausforderungen wird jetzt die Führung als »der Feind« erlebt, der die Mitarbeiterinnen mit mehr Sicherheit und Schutz versorgen könnte, aber anscheinend zu selbstbezogen oder machtbesessen ist, um dieses zu tun. Dieses Feindbild Führung lässt der Gruppe zumindest die Illusion von Kontrolle, da in einem fortgesetzten Kampf und Gerangel mit der Führung ja mehr Kontakt mit einem konkreten »Feind« möglich ist, als es in der Auseinandersetzung mit den externen Herausforderungen der Fall wäre. Die Kosten dieser kollektiven Abwehrmaßnahme sind beträchtlich: Vertrauen auf und Loyalität zur Führung gehen verloren, an die Stelle tritt Misstrauen bis hin zu paranoiden Erwartungen.

Aber auch die Führung mobilisiert in vielen Fällen solcher angespannten Situationen eine *komplementäre* psychosoziale Abwehr. Diese drückt sich häufig darin aus, dass eigene passive, hoffnungslose, ängstliche und kritische Anteile abgespalten und in die Gruppe der Mitarbeiterinnen projiziert werden. Dies erlaubt der Führung, sich selbst vorwiegend aufgabenorientiert, hoffnungsvoll und vertrauensvoll gegenüber ihren Vorgesetzten bzw. Trägergesellschaften und Firmeninhabern zu fühlen – das Vertrauen in die kritischen und partizipativen Fähigkeiten der Mitarbeiterinnen als Ressource geht dabei allerdings verloren (Lohmer u. Möller, 2014).

Kollektive (oder psychosoziale) Abwehrmechanismen in Organisationen finden sich in unterschiedlichen Phänomenen, wie in der Bagatellisierung, der Dramatisierung, der Verleugnung, der Idealisierung und Entwertung, der Affektisolierung, der Emotionalisierung oder Rationalisierung wieder (Möller, Giernalczyk u. Schubert, 2018). Zwei weitere Abwehrmechanismen haben wir bei Entscheidungsgremien großer Unternehmen beobachtet: Sie laufen Gefahr, durch *Idealisierung von Geschwindigkeit* Entscheidungen in einer Eile zu treffen, die in keinem Verhältnis zu ihrer Komplexität und Tragweite stehen. Ferner wird die Reduktion von Handlungsalternativen auf A oder B, auf ein Richtig oder Falsch unter der *Abwehr Spaltung* zusammengefasst. Um eine positive Alternative A zu schützen, wird sie möglichst isoliert gehalten und die vermeintlich negative Alternative B wird bekämpft. Die naheliegende Möglichkeit, bei der das Entweder-oder in ein Sowohl-als-auch verwandelt wird, ist im Gremium undenkbar.

(!) Typische Abwehrformationen

- ▶ Kampf-Flucht: jeder gegen jeden.
- ▶ Abhängigkeit: Alle folgen der Leitung ohne Debatte.
- ▶ Pairing: Dieses Paar oder unsere Verbindung mit dieser Idee wird uns retten.
- ▶ Fokussierung auf die innere Organisationsrealität unter Ausblendung der Umweltrealität, um vermeintliche Kontrolle zu erlangen.
- ▶ Idealisierung der Geschwindigkeit: Nur schnelle Prozesse sind gute Prozesse.
- ▶ Spaltung: Gute Alternativen müssen durch Bekämpfung schlechter Alternativen geschützt werden.

(?) Leitfragen zur psychosozialen Abwehr

- ▶ Wie wird diskutiert?
- ▶ Wird jede Initiative sofort kritisiert?
- ▶ Folgen alle der Leitung?
- ▶ Ist die Arbeitsgruppe in eine Idee verliebt?
- ▶ Ist die verwendete Zeit für Entscheidungsprozesse angemessen?
- ▶ Werden Alternativen in nur gute und nur schlechte geteilt?

2.5 Übertragung und Gegenübertragung

Die psychodynamische Beraterin verfügt über eine ausgefeilte »Schulung ihrer Subjektivität«. Durch Selbsterfahrung und wiederkehrende Gegenübertragungsanalyse werden die Position des jeweiligen Beraters und sein eingesetzter Filter systematisch reflektiert. Gerade dadurch erhält seine Subjektivität die Funktion einer Art Messinstrument für organisationale Prozesse. Die Schlüsselbegriffe dazu sind Übertragung und Gegenübertragung. Sie werden im Folgenden definiert: Übertragung ist das aktualisierte Erwartungs-, Erlebens- und Beziehungsmuster früherer Zeiten im Hier und Jetzt der Interaktion. Die jeweilige Übertragung prägt und färbt die Beziehung bewusst und unbewusst. Sie hat Einfluss auf Wahrnehmung, Emotionen, Gedanken und Handlungsimpulse. Sie kann als eine Art Filter verstanden werden, durch den aktuelle Erfahrungen in Erlebniswelten der gesamten Sozialisationsgeschichte eingeordnet werden. Damit reduziert sie Komplexität und basiert auf Beziehungslernen in der Vergangenheit. Übertragungen enthalten auch Färbungen der »objektiven« Situation. So senden Führungskräfte, Kolleginnen oder auch Organisationen sogenannte Übertragungsauslöser. Gegenübertragungen sind die Reaktionen, Gefühle, Fantasien, Bilder und Handlungsimpulse, die bei einem geschulten Berater, einer Führungskraft oder einer Mitarbeiterin aufgrund des Übertragungsangebotes entstehen.

Für Organisationen bedeutet dies, dass Akteure beständig Übertragungen zueinander entwickeln, die mit bestimmten Gefühlen und Gedanken verknüpft sind. Die Empfängerin einer Übertragung spürt unter Umständen, dass ihr etwas zugeschrieben wird, was sie so bei sich selbst nicht finden kann. Z. B. wird eine Führungskraft als gefährlicher und gnadenloser in der Übertragung wahrgenommen, als sie sich selbst sieht. Die Beachtung dieser Übertragungsmomente in der eigenen Gegenübertragung ist hilfreich, um die jeweilige Beziehungs- oder Organisationsdynamik besser zu verstehen. Gegenübertragung ist ein diagnostisches Instrument (Welche Erwartung wird an mich herangetragen? Welche eigenen Motive stehen bei mir gerade im Vordergrund?) Die Supervision und Intervision werden deshalb benutzt, um diese Verwicklung, Ansteckung und Gegenübertragung erkennen und nutzen zu können.

Durch diese Phänomene können wichtige Informationen nicht nur aus der Außenwelt durch Fremdbeobachtung, sondern auch aus der inneren Welt durch Selbstbeobachtung generiert werden. Eigene Stimmungen und Gedanken können vor, während und nach einem Kontakt daraufhin untersucht werden, was sie über die jeweilige Situation aussagen. Negative und positive Gefühle im Beobachter können darauf hindeuten, dass es dem Gegenüber ähnlich geht (Ich erlebe die Angst, die mein Gegenüber auch erlebt), oder Ausdruck einer komplementären Position sein (Weil mein Gegenüber so unterwürfig ist, fühle ich mich wie ein Gönner) (vgl. Racker, 1978).

(?) Leitfragen zu Gegenübertragungsanalyse

- ▶ Wie fühle ich mich vor, während und nach dem Kontakt?
- ▶ Worauf deutet mein Erleben beim Gegenüber hin, geht es ihr so ähnlich oder fühlt sie sich komplementär?
- ▶ Welche Filter bringe ich mit?
- ▶ Zu welchen Standardinterpretationen neige ich?

Ein spezieller Zugang zur Gegenübertragungsanalyse ist das szenische Verstehen. Szenisches Verstehen geht von der Überlegung aus, dass Menschen in alltäglichen Kommunikationssituationen unbewusstes Material nonverbal in Szene setzen. Sie übertragen zurückliegende Beziehungserfahrungen aus ihrer Biografie und aus der Organisation, in der sie arbeiten, in aktuelle Interaktionen. Argelander (1970) beschrieb mit dem Konzept des »szenischen Verstehens«, wie der Psychoanalytiker (in unserem Fall aber auch die psychodynamisch geschulte Beraterin) diese Inszenierungen als Äußerungen des Unbewussten der Klientin verstehen und nutzen kann. Die Beraterin wird in diese Szenen einbezogen, sie kann dabei eine Zeit lang mitspielen und anschließend reflektieren, welche Rolle ihr zugedacht wird und wie sie diese ausgefüllt hat. Sie kann dann gleichsam ein Drehbuch rekonstruieren, nach dem sich der Klient – vor allem in Stresssituationen – verhält, seine Rolle spielt und anderen unbewusst Rollen zuweist. Das szenische Verstehen: mitspielen und reflektieren. Eine besondere Bedeutung hat in diesem Zusammenhang die Initialszene, also die erste Begegnung von Beraterin und Klientensystem. Sie ist deshalb oft besonders aussagefähig, weil beide Interaktionspartner noch keine Gelegenheit hatten, sich im persönlichen Kontakt aufeinander einzustellen, und somit die Beteiligten eher ihren inneren Vorstellungen als den ausgetauschten Erwartungen des Gegenübers folgen.

2.6 Containment

Containment ist ein Schlüsselbegriff für das psychodynamische Verständnis von Organisationen und für psychodynamische Beratung. Es beschäftigt sich mit der Frage, wie unbewusste Vorgänge und Emotionen der Organisation aufgenommen, verstanden und modifiziert werden können. Das Konzept geht auf Bion (1990) zurück und beschreibt folgenden Prozess: Ein Behältnis (Container) nimmt ein »Etwas« (Contained) in sich auf, wodurch sich beide verändern und etwas Drittes entsteht.

Containment ist eine besondere Form von Kommunikation. Eine Senderin (Mitarbeiterin) sendet neben bewussten Inhalten auch unbewusstes Material. Obwohl es sie beschäftigt, versteht sie es selbst nicht. Der Empfänger, der die Containingfunktion ausübt, versucht nicht nur, bewusste Inhalte, sondern auch das unbewusste Material (to be contained) durch emotionales Nachdenken zu verstehen. Wenn er selbst ein Muster oder Bild dazu entwickelt hat, meldet er dies an die Mitarbeiterin, die ursprüngliche Senderin zurück (Giernalczyk, Lazar u. Albrecht, 2012).

Den Containmentprozess kann man folgendermaßen beschreiben: Die Kunden kommen mit »Unverstandenem, Ängsten, Rollenunsicherheiten, Erschöpfung und suchen zunächst einmal Entlastung« bei der Beraterin (Möller, 2001, S. 46). »Ihre negative capability (in Anlehnung an den englischen Dichter John Keats) ist gefragt, um ›aufzunehmen, ohne zu beurteilen, ohne zu erklären, ein mit dem Erlebten einfach Sein-können, indem man das Ungewisse, das Mysteriöse und das Zweifelhafte tolerieren kann, ohne dem »irritierten Greifen nach Tatsache und Begründung«‹« (zit. nach S. 46; Lazar, 1994, S. 381). Die aufnehmende Psyche der Beraterin lässt sich durch das Nichtverstehbare, das Frustrierende, das Hineinprojizierte, das Zweifelnde, Schmerzhafte, Bedürftige berühren. Sie kaut es gleichsam durch, um es in verdaulichen Portionen dosiert an die Kunden zurückzufüttern. Die Beraterin macht sich auf diese Weise zum Nistplatz der unbewussten Fantasien der Organisation, des Teams und des einzelnen Mitarbeiters. Mittels der Haltung der »reverie«, des Tagträumens, transformiert sie mit viel Geduld das Abgewehrte in einen Zustand der Sicherheit, wenn das »to be contained« verstanden und zurückgegeben wird (Lazar, 1994).

Bisher wurde hier Containment als Vorgang zwischen zwei Personen beschrieben. Containment kann darüber hinaus auch organisational verstanden werden. Zwischenmenschlich geht es um das Verständnis, das eine Führungskraft für Ängste und emotionale Spannungen ihres Mitarbeiters entwickelt und auf das sie entsprechend reagiert. Organisational können Strukturen daraufhin untersucht werden, ob sie in der Lage sind, Emotionen, die sich aus dem primären Risiko ergeben, zu containen und damit ausreichend Sicherheit zu geben. Klare Aufgaben, Zuständigkeiten und Berichtslinien sind ein strukturelles Containment und sorgen dafür, dass das unbewusste und erlebte Angstlevel eher niedrig ist. Umgekehrt führen fehlendes Containment durch mangelnde Führung oder unklare Strukturen und fehlende Regelungen zu Unsicherheit, wodurch gemeinsame, psychosoziale Abwehr gefördert wird, und die Gefahr steigt, dass Aufgaben erträglich, aber nicht effektiv erledigt werden.

> **?** Leitfragen für Containment
>
> ▶ Gibt es genug Halt für Entwicklung?
> ▶ Sind die Strukturen klar und orientierend?
> ▶ Werden von Führungskräften und in Arbeitsgruppen emotionale Spannungen angesprochen und ernst genommen?

2.7 Innovationskultur

Psychodynamische Organisationsberatung beschäftigt sich intensiv mit dem Gelingen von Changemanagement. Veränderungen bedeuten für alle Organisationsmitglieder ein höheres Maß an Unsicherheit. Bereiche werden neu geordnet, Abteilungen werden eventuell aufgelöst und die Primäraufgabe wird verändert. Schnell ist eine Rechnung aufgemacht: Ob Mitarbeiterinnen sich als Verliererinnen oder Gewinnerinnen einer Veränderung sehen, bestimmt über ihre Haltung zum Change. Die Unsicherheit weckt verschiedene Ängste und führt zur Verstärkung der psychosozialen Abwehr. Entscheidend für das Gelingen von Veränderungsmaßnahmen ist die Attraktivität des gemeinsamen Ziels. Gibt es Visionen, die emotional positiv aufgeladen werden können, um die Mühen der Veränderungen auf sich nehmen zu können?

Strukturelles Containment in Veränderungsprozessen bedeutet, dass sorgfältig der Sinn und das Ziel der Veränderung herausgearbeitet und kommuniziert werden müssen. Im Mittelpunkt stehen dabei die Fragen: Warum müssen wir das machen und welche Alternativen haben wir bedacht, aber verworfen? Welche Ziele müssen wir verfolgen? Wie werden wir vorgehen? Persönliches Containment erfolgt in einer Reihe von Einzel- und Team- sowie Projektgesprächen. Zu ihnen gehört eine Führungskoalition, die regelmäßig offen über die wichtigen Themen miteinander spricht. Außerdem ist eine systematische Kommunikation der Führungskräfte mit ihren jeweiligen Mitarbeitern erforderlich. Im Sinne des Containments geht es dabei nicht nur um die Weitergabe von Information, sondern gerade um die sensible Aufnahme und Reflexion von Sorgen und Befürchtungen. Dem Übergangsmanagement ist hier besondere Beachtung zu schenken: Das Alte trägt nicht mehr und das Neue ist noch nicht da. Diese Phase der Imbalance ist recht unangenehm und muss sorgsam begleitet werden.

Hirschhorn (2017) wendet sich den Fragen zu, unter welchen Bedingungen strategische Entscheidungsprozesse schnell und effektiv (Innovationskultur) beziehungsweise langsam und uneffektiv (Beharrungskultur) verlaufen. Als zentrale Voraussetzung für effektive Entscheidungen sieht er eine geringe soziale Distanz zwischen Unternehmensleitung und Mitarbeiterinnen. Diese soziale Nähe ist erforderlich, weil auf diese Weise ein öffentlicher Raum entsteht, in dem nicht nur ritualisiert und angstbesetzt miteinander diskutiert wird, sondern echte Zusammenarbeit entstehen kann. Im ritualisierten Raum ist die Reihenfolge der Redner und die Argumentationslinie oftmals bereits vorher festgelegt. Es gilt als ausgemacht, dass das Gremium mit kleinen Ergänzungen der Leitungsebene zustimmt. Wer sich dem widersetzt, gilt schnell als schwierig und hinter vorgehaltener Hand wird darüber spekuliert, ob er wirklich für seine Funktion geeignet ist. Der ritualisierte Raum dient der Bestätigung vorgedachter Entscheidungen, gemeinsames Nachdenken wird zugunsten bestehender Machtstrukturen geopfert. Im öffentlichen nichtritualisierten Arbeitsraum wird dagegen zugelassen, dass die Autorität der Leitung infrage gestellt wird und Ideen diskutiert werden, die neu sind und an die die Leitung bisher nicht gedacht hat. Somit stellt diese Arbeitsform eine besondere Anforderung an die Leitung. Sie muss ihre Macht teilen und darauf vertrauen, sie dabei nicht zu verlieren.

Idealtypisch wird zwischen Innovationskultur und Beharrungskultur unterschieden. Die folgende Beschreibung dient der Kontrastierung und Verdeutlichung, um welche Unterschiede es geht (vgl. Tabelle 1). In Entscheidungsprozessen mit Beharrungscharakter hängt sehr viel von den Beziehungen der Akteurinnen ab, oftmals können

Ideen nicht mehr reflektiert werden, wenn sie aus dem falschen Lager kommen. Unter den Bedingungen der Innovationskultur gelingt es, Ideen als wichtiger als Beziehungen zu bewerten. Üblicherweise werden Konflikte in der Beharrungskultur als Hindernisse angesehen, die es zu vermeiden gilt. In einer Innovationskultur werden sie als Chance für Entwicklungsschritte begriffen. Aus diesem Grund werden hier Konflikte nicht wie üblich verdeckt, sondern offen ausgetragen. Ein weiterer interessanter Aspekt ist die Haltung zur Rationalität. In der Beharrungskultur wird sehr schnell eine Alternative für die einzig rationale Möglichkeit (alternativlos) erklärt und damit eine weitergehende Diskussion erstickt. In der Innovationskultur werden rationale Entscheidungen als Ergebnis eines Aushandlungsprozesses gesehen; es muss darum gerungen werden, eine wirklich rationale Perspektive zu gewinnen, bei der unterschiedliche Perspektiven hinreichend gewürdigt werden. Es geht letztlich darum, inhaltliche Interessen von Machtorientierung zu trennen. Nicht jeder Vorschlag muss dem eigenen Machterhalt dienen, sondern kann auch als Chance für die Organisation verstanden werden. Entwicklungspolitik ist damit ein Idealzustand, in dem Machterhaltungsstrategien zugunsten gemeinsamer Entwicklung relativiert werden.

Tabelle 1: Beharrungskultur und Innovationskultur im Vergleich (Hirschhorn, 2017, S. 45)

Beharrungskultur	Innovationskultur
Beziehungen sind wichtiger als Ideen.	Ideen sind wichtiger als Beziehungen.
Konflikte werden als Hindernisse gesehen.	Konflikte werden als Weiterentwicklung gesehen.
Konflikte werden verdeckt.	Konflikte sind öffentlich.
Rationalität als ein Instrument.	Rationalität als eine Leistung.
Der öffentlich Raum ist ritualisiert.	Der öffentliche Raum ist ein Setting für echte Arbeit.
Verteidigung eines Interesses wird als Machtspiel gesehen und ist somit illegitim.	Verteidigung eines Interesses wird als Ausdruck der Möglichkeiten der Organisation gesehen und ist somit legitim.

2.8 Rolle und Erwartungen

Die Rolle verbindet die Person mit der Organisation (vgl. Abbildung 2). Sie legt fest, welche Aufgaben und Funktionen ein Individuum in einer Organisation ausübt. Durch die Vergabe von Rollen werden Personen in Organisationen einbezogen. Rollen sind somit Möglichkeiten des Verhaltens. Um eine Rolle zu erfassen, ist es notwendig, die Primäraufgabe, die durch diese Rolle erfüllt werden soll, zu kennen. Die Primäraufgabe strukturiert die weiteren Anforderungen. Die Rollenanalyse ist ein klassisches Instrument innerhalb des Tavistockmodells und wird beispielsweise in Coachingsitzungen angewendet (Lawrence, 1979). Grundgedanke ist, dass für erfolgreiche Arbeit die Klarheit der eigenen Rolle wichtige Voraussetzung ist. Unkenntnis der Rollengrenzen (Was darf der Akteur nicht tun?) ist häufig ein Anlass für Konflikte in Organisationen. Eine Marktforscherin überschreitet dann ihre Rollengrenzen, wenn sie nicht nur Entwicklungen der Märkte untersucht und strategische Entscheidungen vorbereitet, sondern darauf besteht, diese selbst zu treffen. Innerhalb von Rollen bringen Personen bestimmte Anteile ihrer Fähigkeiten und Persönlichkeitsanteile mit in ihre Arbeit ein. Zur Rollenanalyse gehört somit die Frage nach dem Rollenspielraum (Welche Möglichkeiten werden dem Akteur zugestanden?). Spielräume, die Rollen bieten, werden oft nicht ausgenutzt, weil sie nicht ausgelotet werden. Ein weiterer Aspekt der Rollenanalyse sind die Handlungsgebote (Was soll die Akteurin tun?). Dieser Aspekt beschäftigt sich mit der Frage, ob Personen den Verpflichtungen nachgehen, die mit der Rolle verbunden sind.

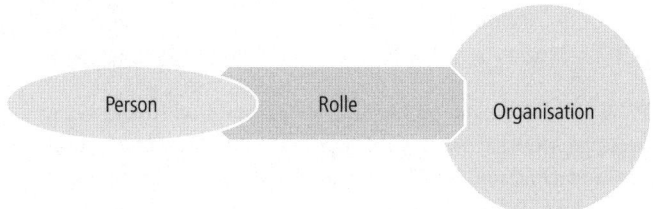

Abbildung 2: Zusammenspiel von Person, Rolle und Organisation

Im Rahmen eines intersubjektiven Verständnisses geht es auch darum, zu erkennen, ob unterschiedliche Stakeholder die Rolle verschieden definieren und damit zur Rollenspannung beitragen. Die jüngere Diskussion (Hirschhorn, 2014) kritisiert den Rollenbegriff als zu starr für Entwicklungsarbeiten, in denen nach Innovationsmöglichkeiten gesucht wird und die von sogenannten Wissensarbeiterinnen ausgeübt werden. Weil sich die Anforderungen von Phase zu Phase rasch verändern, wird eher von gemeinsam geteilten Erwartungen als von festen Rollen gesprochen. Der Erwartungsbegriff drückt gegenüber dem Rollenbegriff eine erhöhte Flexibilität aus. Entwicklungsteams müssen demnach häufig ihre Erwartungen klären, die sich innerhalb ihrer Rollen von Phase zu Phase stark ändern (Welche Erwartungen haben wir in welcher Phase aneinander?). Das Gleiche gilt für die Vorstellung von Grenzen: Statt Rollengrenzen zu diskutieren, wird von Übergangsbereichen (»gray area«) gesprochen, in denen es nicht ganz klar sein kann, ob Aufgaben einer Person zugeordnet werden oder nicht.

> (?) Leitfragen zur Rolle
>
> ▶ Rolle: Was soll ich tun? Wie sehen meine Spielräume aus? Was ist verboten?
> ▶ Erwartungen: Wo gibt es Übereinstimmungen und Unterschiede hinsichtlich der Erwartung an meine Aufgaben und Funktionen? Welche Übergangsbereiche lassen sich aktuell nicht klären?

2.9 PS-Modus und D-Modus als unbewusste Handlungsmuster

PS-/D-Modus ist eine Abkürzung für paranoid-schizoider versus depressiver Modus. Diese Begriffe werden in der klinischen Psychologie verwendet und sind Schlüsselbegriffe der kleinianischen Entwicklungspsychologie (Odgen, 2006). Für psychodynamische Organisationsberatung wurden sie weiterentwickelt und dienen hier zur Beschreibung von Prozessen und mentalen Zuständen handelnder Personen in Organisationen. Es wird davon ausgegangen, dass es zwei unterscheidbare mentale Zustände gibt, in denen Menschen sich befinden können. Unter mentalem Zustand wird eine Bereitschaft verstanden, in bestimmter Weise Situationen zu interpretieren, über sie nachzudenken und emotional zu verarbeiten sowie zu handeln und zu entscheiden.

Der PS-Modus beschreibt ein Muster, in dem Entscheidungsfreude und Handlungsorientierung dominieren. Alternativen werden abgewogen und rasch als richtig oder falsch kategorisiert. Die Bereitschaft zur Auseinandersetzung und zur Identifizierung von Feinden und Freundinnen ist hoch. Der D-Modus dagegen ist der Zustand des Abwägens und des Nachdenkens, Ambivalenz wird gesehen und ausgehalten, gegensätzliche Standpunkte werden verbunden, Kampf wird zugunsten von Integration vermieden. Beide mentalen Zustände wechseln sich bei Personen und Arbeitsgruppen ab. Kuhl (2001) beschreibt die Modi mit den Begriffen Handlungs- versus Lageorientierung. Es ist nur situativ entscheidbar, welcher Stil effektiver ist, denn beide Stile zeigen unterschiedlichen Nutzen. In der Regel werden diese Modi jedoch unbewusst verwendet und entziehen sich somit der Analyse. Die Beobachtung, welcher Modus der Vorherrschende ist, eröffnet jedoch einen Reflexionsraum, in dem untersucht werden kann, welche Effekte daraus resultieren und ob es ratsam ist, gegenzusteuern. Der Modus kann bei Personen, Teams und bei größeren Organisationseinheiten beobachtet und reflektiert werden.

Beispiel: Der Einkaufsleiter im PS-Modus verhandelt mit der Lieferantin eines komplexen technischen Produkts hart und stellt sie rasch vor die Alternative, die Konditionen zu akzeptieren oder auf die Lieferung zu verzichten. Im D-Modus würde er die unterschiedlichen Interessen benennen und gemeinsam mit der Lieferantin nach einer Kompromisslösung suchen, ohne sich festzulegen, ob er bei ihr kauft oder nicht. Beide Stile haben Vor- und Nachteile. Im PS-Modus kann es sein, dass die Lieferantin rasch nachgibt oder, falls sie dazu nicht bereit oder in der Lage ist, der Einkaufsleiter nach einer Alternative suchen muss. Im D-Modus wird mehr Zeit benötigt, die Findung eines Kompromisses ist denkbar, aber der Einkauf wird unter Umständen teurer (vgl. Tabelle 2).

Tabelle 2: Merkmale von PS-Modus und D-Modus im Vergleich

PS-Modus	D-Modus
Rasche Entscheidungen und Handlungsfreude	Sorgfältiges Nachdenken und Abwägen
Klare schwarz-weiß Unterscheidung	Integration von Gegensätzen
Bereitschaft zur Kritik, Kampf und Auseinandersetzung	Toleranz für Ambivalenz und Mehrdeutigkeit

2.10 Führungskräfte als Übertragungsfiguren

Zusammenarbeit in Organisationen mobilisiert bei ihren Mitgliedern zahlreiche familiäre Bedürfnisse, die mehr oder minder beantwortet werden. Zu ihnen gehören Wünsche nach Zugehörigkeit und nach Anerkennung. Gleichzeitig werden Machtdifferenzen unter Umständen wie in der Familie erlebt. Die einflussreichere Führungskraft wird tendenziell wie ein Elternteil wahrgenommen und die Mitarbeiter selbst erleben sich wie Kinder. Somit ziehen Führungskräfte in regressiv aufgeladenen Organisationen ähnliche Übertragungen von ihren Mitarbeiterinnen auf sich wie Eltern von ihren Kindern. Führungskräfte werden dann nicht nur als Personen, sondern auch als Übertragungsfiguren erlebt. Aufgrund dieser Übertragung wird die Macht von Führungskräften oft überschätzt. Mitunter werden durch Einschränkungen, die Führungskräfte aussprechen, bei Mitarbeitern Ärger und Wut mobilisiert, obwohl die Mitarbeiter die Maßnahme letztlich für richtig halten. Neben Übertragungen werden an Führungskräfte Projektionen von eigenen abgewehrten negativen oder positiven Fantasien herangetragen. Eigene abgewehrte Sparsamkeit oder Grandiosität wird fantasmatisch bei der Führungskraft verortet. Obwohl Projektionen die Realität oft verkennen, enthalten sie doch häufig einen wahren Kern. Die Führungskraft hat Anlass für diese unbewusste Zuschreibung gegeben, ohne dass sie es bemerkt hat.

Führungskräfte sind nun den an sie herangetragenen Emotionen weniger ausgesetzt, wenn sie darüber nachdenken können. Um Übertragungen zu erkennen, ist es günstig, die eigene emotionale Reaktion – die Gegenübertragung – zu untersuchen. Dazu gehört die Reflexion der Fragen: Was habe ich wahrgenommen? Was habe ich gedacht? Was habe ich gefühlt? Welche Bilder und Handlungsimpulse sind in mir aufgetaucht? Dieses Innehalten und Reflektieren senkt die Gefahr, selbst unbedacht und nur emotional zu reagieren und damit eventuell Gefolgschaft unnötig aufs Spiel zu setzen.

> (?) Leitfragen zur Rollendistanz durch Gegenübertragungsanalyse
>
> ▶ Was habe ich wahrgenommen?
> ▶ Was habe ich gedacht und gefühlt?
> ▶ Welche Erinnerungen und Bilder sind aufgetaucht?
> ▶ Welche Handlungsimpulse habe ich bemerkt?

Bemühen wir noch einmal das Familienmodell, so wird deutlich, dass es Übertragungen in alle Richtungen geben kann. Mitarbeiterinnen eines Teams können ihre Kollegen ähnlich wie Geschwister erleben und Führungskräfte fühlen sich bei ihren Mitarbeitenden an ihre Kinder erinnert.

2.11 Führung und Gefolgschaft

Psychodynamische Führungskonzepte konzentrieren sich auf die Beziehungsseite der Führung und untersuchen, wie Bindung, Gefolgschaft und Motivation durch Führungshandeln beeinflusst werden (Giernalczyk u. Lohmer, 2012). Aus der Führungsforschung ist bekannt, dass sich die Vorbildfunktion der Führungskraft günstig auf Gefolgschaft auswirkt. Jemand wird zum Vorbild, wenn eine Identifizierung mit ihm stattfindet. Durch Identifizierung wird die Führungskraft emotional positiv besetzt, sie zieht positive Übertragungen auf sich und wird emotional bedeutsam. Der Vorgang der emotionalen Besetzung wird gefördert, wenn die Führungskraft ihrerseits emotional verfügbar ist. Führung, die Containment durch Strukturen und durch persönliche Gespräche anbietet, schafft daher nicht nur Sicherheit, sondern fördert die emotionale Verfügbarkeit und damit auch Identifizierung und Gefolgschaft.

Führung und Gefolgschaft werden von Obholzer (2004) in den Zusammenhang wahrgenommener Autorität gestellt. Dabei wird zwischen drei Formen von Autorität unterschieden, die in einem Spannungsfeld zueinander stehen. »Autorität von oben« beschreibt die Unterstützung und den Rückhalt, den eine Geführte von ihrer Führungskraft erhält und der es ihr ermöglicht, ihre Position auch im Konfliktfall zu vertreten, weil sie weiß, dass sie unterstützt wird. Autorität von oben heißt somit, dass eine Führungskraft die Ebene unter ihr mit Autonomie ausstattet und sie unterstützt. »Autorität von unten« ist die Zuschreibung der Geführten gegenüber ihrer Führungskraft – sie wird durch Fachlichkeit, Identifizierung und Vertrauen erzeugt. Eine Führungskraft, die »Autorität von unten« bekommt, kann sich auf die Gefolgschaft verlassen und eher unkonventionelle Maßnahmen ansetzen, ohne die Gefolgschaft zu gefährden. »Autorität von innen« beschreibt das eigene Zutrauen, das eine Führungskraft selbst aufgrund ihrer Erfahrung und Fachlichkeit, aber auch aufgrund ihres Selbstbildes zu sich hat. Führung ist ein Interaktionsgeschehen: führen und geführt werden (Neuberger, 2002), das heißt, dass auch der Mitarbeiter der Führungskraft innerlich das Recht verleihen muss, ihn zu führen, und die Führungskraft diese Rolle auch ausfüllen muss.

> (!) Autorität und Führung
>
> ▶ Autorität von oben – Unterstützung durch die eigene Führung
> ▶ Autorität von innen – Zutrauen in die eigene Kompetenz
> ▶ Autorität von unten – Gefolgschaft durch die eigenen Mitarbeiter

2.12 Umgang mit negativen Emotionen und Erzeugung von Engagement und Leidenschaft

Entsprechend der These, dass durch die Primäraufgabe negative Emotionen entstehen, die bewältigt werden müssen, kommt der Führungskraft eine besondere Rolle bei der Angstbewältigung zu. Sie nimmt im idealen Fall die Rolle der Angstträgerin im System ein. Durch ihren Informationsvorsprung und durch die Auseinandersetzung mit den Märkten und der Zukunft verfügt sie oft über ein differenziertes Bild der Risiken und muss die damit bei ihr auftretenden Ängste bewältigen. Zur Bewältigung gehört die passende Einbindung der Geführten. Trotz des allgemeinen Transparenzgebotes gilt, dass es darum geht, Geführte bewusst zugeteilt mit ängstigenden Inhalten zu konfrontieren. Entsprechend der Filterfunktion der Führungskraft kann man sagen, dass zu viel Konfrontation Angst, Lähmung oder Panik auslöst, während zu wenig Diskussion ängstigender Inhalte eine Sorglosigkeit erzeugen kann, die ebenfalls kontraproduktiv ist.

(!) Reflexiver Umgang der Führungskraft mit negativen Emotionen

- ▶ Eigene negative Emotionen wie Angst als Teil der Rolle verstehen.
- ▶ Kommunikation ängstigender Inhalte abwägen.
- ▶ Zu viel Angst erzeugt Panik und reduziert Denkfähigkeit der Geführten.
- ▶ Zu wenig Angst macht zu sorglos.

Nicht nur die Bewältigung von Angst, sondern auch das Schaffen von Bedingungen für Engagement und Leidenschaft gehören zu den emotionalen Aufgaben von Führung. Wie bereits beschrieben, sind dafür geringe soziale Distanz der Führung zu den Geführten, durch die ein öffentlicher Raum entsteht, in dem gemeinsame Arbeit geleistet wird, sowie die Unterstützung funktionierender Teamarbeit zentrale Voraussetzungen für die Führungskräfte.

> **(!) Förderung von Engagement und Leidenschaft**
> - ▶ Reduktion sozialer Distanz zwischen Führung und Geführten
> - ▶ Erzeugung eines öffentlichen Raumes für echte Arbeit
> - ▶ Schaffung arbeitsfähiger Teams

2.13 Mentalisierung in der Arbeitswelt

Das relativ junge psychologische Konzept der Mentalisierung wurde zunächst im Kontext der klinischen Bindungsforschung entwickelt und diente zur Grundlage für eine neue Therapiemethode, der mentalisierungsbasierten Therapie (MBT) (Fonagy, Gergely, Jurist u. Target, 2002). Mentalisierung beschreibt die menschliche Kompetenz, mit seinen eigenen Gedanken, Gefühlen und Motiven in Kontakt zu sein und das Verhalten von sich und anderen hinsichtlich der Gedanken, Gefühle und Motive einzuschätzen. Es geht um die Anforderung, sich selbst von außen und andere von innen zu sehen (Brockmann u. Kirsch, 2015). Mentalisierung geht somit weiter als der Begriff der Empathie, weil nicht nur die emotionale Seite des Erlebens, sondern auch Gedanken und Handlungen miteinbezogen werden. Die Mentalisierungstheorie hat zur Grundlage, dass wir die Gedanken, Gefühle und Motive unseres Gegenübers erahnen, erschließen, aber nie wirklich »wissen« können.

Die Kasseler Forschungsgruppe um Heidi Möller untersucht die Bedeutung von Mentalisierung für Führung, Coaching und Teamarbeit (Kotte u. Taubner, 2016; Goebel u. Hinn, 2016). Es ist davon auszugehen, dass eine mentalisierende Führungskraft effektiver führt, weil sie sich implizit und explizit den Handlungen von sich selbst und anderen sinnverstehend zuwenden kann. Sie kann nicht nur Gefühle wahrnehmen, erkennen und identifizieren, sondern ihnen auch Namen geben *(benennen)*. Mentalisieren hilft, die Bedeutung von Emotionen in Beziehungen zu begreifen. Eine mentalisierende Führungskraft kann zudem die Intensität der Gefühle *steuern,* sie verstärken, sie herabmindern oder aufrechterhalten, jeweils so, wie es die Führungssituation erfordert. Auch gelingt es, die Gefühle *mitzuteilen*, sie zur Grundlage der Kommunikation zu machen.

> (!) Mentalisieren und Führen
>
> ▶ Die Führungskraft kann ihren eigenen Standpunkt auch relativieren und mit Abstand betrachten.
> ▶ Wenn eine Führungskraft ihren Mitarbeiter mentalisiert, dann ist dieser empfänglicher für die Botschaften der Führungskraft.
> ▶ Die Mitarbeiterin versteht auf diese Weise besser, was die Führungskraft vermittelt.
> ▶ Die Mentalisierung der Führungskraft fördert auch die Mentalisierung des Mitarbeiters gegenüber der Führungskraft und gegenüber seinen Kolleginnen.
> ▶ Die Führungskraft entwickelt Neugier darauf, welche Gedanken, Gefühle und Motive bei ihrem Gegenüber vorhanden sind, die dessen Verhalten zugrunde liegen.
> ▶ Die Führungskraft kann die Modi der mentalen Befindlichkeiten im eigenen Selbst erleben und muss sie nicht auf andere verallgemeinern.

Die Fähigkeit zur Mentalisierung, also die Wahrnehmungs- und Affektverarbeitung, ist bei Individuen je nach ihrer Sozialisationsgeschichte unterschiedlich ausgeprägt. Für viele Coachinganlässe ist ein mentalisierungsbasiertes Coaching (Goebel u. Hinn, 2016) angezeigt. Das ist vor allem der Fall, wenn es um interpersonelle Probleme geht.

▶ Fallbeispiel

Das Führungskräfte-Feedback erbrachte zum zweiten Mal schlechte Ergebnisse für eine männliche Führungskraft aus der Versicherungsbranche. Er wurde vom Vorstand aufgefordert, in ein Coaching zu gehen, da er sich selbst viel besser beurteilte und keinerlei Erklärung dafür hatte, warum seine Mitarbeiter ihn so schlecht bewerteten. Es stellte sich heraus, dass die Führungskraft, die intern aufgestiegen war, nach Jahren immer noch feindliche Stimmung sich selbst gegenüber vermutete, da er anderen internen Kandidaten vorgezogen wurde. Durch mentalisierungsfördernde Interventionen war es möglich, seine Wahrnehmung zu erweitern und variantenreicher zu gestalten, was die Interpretation des Verhaltens seines Teams anging *(Wahrnehmungsverarbeitung)*. Er konnte seine »paranoide« Haltung relativieren und situationsadäquater zur Kenntnis nehmen, dass die Feindseligkeiten längst vorüber waren. Dadurch wurde es ihm möglich, die fürsorgliche Seite seiner Rollenausgestaltung zu leben, die er bislang versteckt hielt, um nicht noch angreifbarer zu werden *(Affektverarbeitung)*.

2.13.1 Regression

Reife Verarbeitungsformen in der Wahrnehmung und den Affekten können durch äußere und innere Einflüsse beeinträchtigt werden. Krisen in Unternehmen, die Herausforderungen des Changemanagements, aber auch persönliche Krisen können Stress auslösen, der die Mentalisierungsfähigkeit beeinträchtigt. Regression bedeutet, dass die Führungskraft bei steigender Erregung auf frühere, weniger reife Verarbeitungsmechanismen zurückfällt. Bei steigender emotionaler Erregung kann z. B. der *teleologische Modus* aktiviert werden und die Führungskraft fordert ein, dass die Umwelt (Menschen, Verhandlungspartner, Zulieferinnen etc.) »funktionieren« muss, um eigene innere Spannungszustände zu mindern und eigene emotionale Zustände zu regulieren. Die inneren Zustände können in diesem Modus nur durch Handlungen beeinflusst werden. Nur real Beobachtbares ist von Bedeutung – Gedanken, Gefühle, Motive treten in den Hintergrund. Im *Modus der psychischen Äquivalenz* werden die innere Welt und die äußere Realität als identisch erlebt. In anderen Konzepten wird dieser Modus auch als Projektion beschrieben. Erschreckende innere Bilder (Angst, Zorn, Hilflosigkeit …) bekommen Realitätscharakter wie im Fallbeispiel geschildert: Die Führungskraft kann nicht darüber nachdenken, ob die Mitarbeiter misstrauisch sind, sondern sie ist davon überzeugt, dass es so ist, wie sie es vermutet. Es entwickelt sich eine Intoleranz gegenüber alternativen Perspektiven: »Ich weiß, wie es ist; keiner kann mir etwas erzählen!« Im *Als-ob-Modus* ist die innere Welt von der äußeren Realität entkoppelt. Die Gedanken bilden keine Brücke mehr zwischen Innen und Außen und Gefühle und Gedanken stimmen häufig nicht überein. Es können Gefühle von Leere und Bedeutungslosigkeit entstehen. Endlose Gespräche über Gedanken und Gefühle werden geführt, ohne dass diese zu Veränderungen führen. Widersprüchliche Überzeugungen stehen nebeneinander. Unter Anspannung schaltet das Gehirn von eher präfrontal kontrollierten und exekutiven Funktionsmodi (explizit) zu einem eher automatischen Verarbeiten von mentalen Befindlichkeiten (implizit) (vgl. Abbildung 3). »Dadurch nimmt die Komplexität und Flexibilität der Reflexionsfunktion ab« (Kotte u. Taubner, 2016, S. 80) und die Person fällt auf oben beschriebene unreife Funktionsmodi zurück.

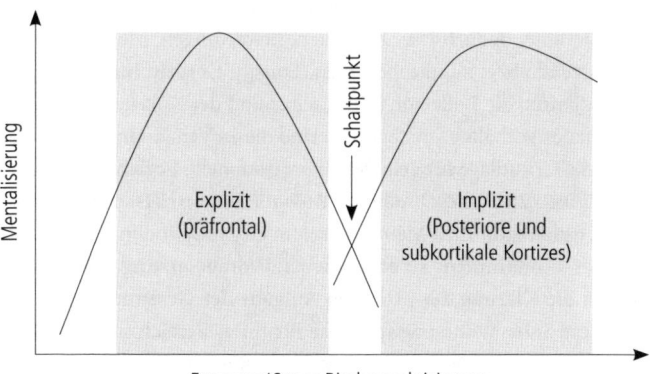

Abbildung 3: Das stressabhängige Schaltmodell der Mentalisierung
(aus: Svenja Taubner (2015). Konzept Mentalisieren. Gießen: Psychosozial-Verlag, S. 67 © Der Abdruck der Grafik erfolgt mit freundlicher Genehmigung des Psychosozial-Verlags, www.psychosozial-verlag.de)

Mentalisierung hat somit für Beratung auch eine diagnostische Qualität. Es kann beobachtet werden, wie weit diese Dimension in Führung und Zusammenarbeit ausgeprägt ist, und ihre Förderung ist eine wichtige Intervention, um Kooperation zu verbessern.

2.13.2 Mentalisierung im Team und in der Organisation

Das Konzept der Mentalisierung wird aktuell auf organisationale Felder ausgeweitet, auf den Bereich des mentalisierungsbasierten Managements (Döring, 2013) und auf ganze mentalisierende Gemeinschaften (Twemlow, Fonagy u. Sacco, 2005). Gerade in Teams, in deren Fokus die professionelle Beziehungsarbeit mit Klientinnen im Vordergrund steht oder in denen es um Innovation oder gemeinsame Projektentwicklung geht, sind die Fähigkeiten zu einer differenzierten Selbst- und Fremdwahrnehmung und die darauf abgestimmte Emotionsregulation zentral. Aber auch alle anderen Formen beruflicher (und privater) Kooperation machen es erforderlich, das eigene Verhalten und das Verhalten anderer mit adäquaten Annahmen über Bewusstseinsvorgänge, also Gefühle, Bedürfnisse, Absichten, Erwartungen, Meinungen etc., zu verstehen bzw. zu interpretieren (Fonagy, Gergely, Jurist u. Target, 2002). Durch die Reflexion seiner selbst und der Kollegen wird interpersonales Verhalten verständlich. Und dieses Verständnis wiederum stellt die Grundlage für gelingende professionelle Beziehungen dar.

Döring (2013) beschreibt ein *Mentalisierungs-Basiertes Management*. Es hat zum Ziel, Mentalisieren in Organisationen durch strukturelles Containment zu ermöglichen. Voraussetzung dafür ist zunächst die Klärung der primären Aufgabe der Gesamtorganisation. Auch die Subsysteme müssen diese für ihren Bereich sauber klären. Dann gilt es zu prüfen, ob die verfügbaren Ressourcen ausreichen, um das Ziel zu erreichen. Prozesse und Abläufe werden auf die Primäraufgabe hin ausgerichtet, beschrieben und optimiert: »Wer ist für was zuständig?« »Wer hat welche Befugnisse?«. Eine zentrale Rolle kommt der Führungskraft zu, aber auch die Organisationsmitglieder müssen unterstützen, um die Chance auf eine mentalisierende Gesamtorganisation zu erhöhen.

2.13.3 Zum methodischen Vorgehen

Für das mentalisierungsbasierte Coaching, die mentalisierungsbasierte Teamsupervision und die mentalisierungsbasierte Organisationsberatung gilt gleichermaßen eine Technik, die Fonagy als »stop, rewind and explore« beschrieben hat (zit. nach Kotte u. Taubner, 2016, S. 83). Getragen von einer grundsätzlichen Neugierde der psychodynamisch orientierten Beraterin geht sie mit einer aktiv fragenden Haltung des Nichtwissens in den Beratungsprozess. Techniken der Klärung und Exploration stehen am Anfang, um die Fähigkeit der Mentalisierung aktiv zu trainieren.

Im sicherheitsstiftenden Setting der Beratung können im explorierenden Modus Wünsche, Bedürfnisse, Gefühle, Gedanken, Überzeugungen oder sonstige Beweggründe für ein Verhalten reflektiert und überdacht werden. Der explorierende Prozess regt das Denken an und führt dazu, eigene und fremde mentale Zustände klarer beurteilen zu können. Zunächst sollen demnach Gefühle behandelt werden, die mit äußerlich beobachtbarem Verhalten verbunden sind. Es folgt die Fokussierung des emotionalen und motivationalen Kontexts für die Gefühle. Anschließend wird der interpersonelle Kontext der Gefühle geklärt. Es gilt, nicht sofort etwas Unverständliches verstehbar zu machen, sondern vielmehr das Unverständliche für die Kunden zu benennen. Das Festhalten an sofortigen Verhaltenslösungen sollte demnach aufgegeben werden. Intersubjektivität und Perspektivübernahme entstehen, wenn ungerechtfertigte Überzeugungen labilisiert werden können und Hilfe zur Emotionsregulierung gegeben wird. Im weiteren Beratungsprozess kann die Mentalisierungsfähigkeit in Belastungssituationen gestärkt und so der Umschaltpunkt zur Regression verzögert werden. Alle Beteiligten erlernen zudem ein erweitertes Verständnis für Mentalisierungseinbrüche anderer.

Bolm (2009, S. 56) hat das Vorgehen folgendermaßen zusammengefasst:

»1. Prinzip Frage – neugierig bleiben
2. Prinzip Columbo – Alltagssprache und ›dumme Fragen‹
3. Prinzip Antwort – selektive Authentizität
4. Prinzip Container – Feedback kontingent und markiert geben
5. Prinzip Brücke – Mentalisierungsbrüche suchen und Verbindungen schaffen
6. Prinzip Tangente – bewusstseinsnah intervenieren«

> (!) Mentalisieren und Teamarbeit
>
> ▶ Wenn in einem Team stärker mentalisiert wird, dann verbessert sich die Kooperation.
> ▶ Das rasche Hineinversetzen in die Andere hilft, das eigene Handeln darauf abzustimmen.
> ▶ Wer merkt, dass ein Anderer ihn mentalisiert, erlebt positive Emotionen.

3 Coaching – Triangulierung verstehen

Coaching ist eine etablierte Beratungsmethode für Führungskräfte und Menschen mit Steuerungsfunktion sowie für Selbständige mit Schwerpunkt auf berufliche Fragestellungen. Sie wird einzeln, in Teams und Gruppen angeboten. Sie ist anerkannt, um Führungskräfte individuell zu unterstützen und ihre berufliche und persönliche Kompetenz weiterzuentwickeln. Im Rahmen von Coaching werden Haltungen, aber auch Handlungs- und Deutungsmuster reflektiert und alternative Sichtweisen auf Zusammenhänge entwickelt. Thematisch werden Organisationsstrukturen und deren Weiterentwicklung bearbeitet, das eigene Führungshandeln reflektiert und Kompetenzen entwickelt, die im Grundberuf nicht erworben wurden.

Typische Anlässe für Coachings sind Assessments oder Rückmeldungen, in denen Entwicklungsanforderungen für die Führungskraft formuliert werden. Zu ihnen kann der Ausbau des Selbstmarketings, der bessere Umgang mit Konflikten oder die Entwicklung konsequenterer Führung gehören. Ausgangspunkt für Coaching können zudem individuelle Krisen mit zu viel Stress, Unwohlsein oder mangelnder Arbeitszufriedenheit sein. Aber auch kollektive Krisen wie Fusionen von Unternehmen, Reorganisationsmaßnahmen und Nachfolgefragen werden durch Coaching für die Verantwortungsträgerinnen unterstützt. Schließlich ist die Begleitung von Führungskräften in einer neuen Funktion in den ersten einhundert Tagen eine übliche Maßnahme, um den Manager darin zu unterstützen, die neuen Rollenanforderungen gut zu meistern.

3.1 Die Triangulierungskompetenz im psychodynamischen Coaching

Die Organisation, in der der Coachingpartner arbeitet, ist im Coachingprozess immer dabei. »Coaching als Arbeitsform zielt auf die vielfältigen Verbindungsstellen und Bezüge zwischen dem Bereich der Person und jenem der Organisation« (Positionspapier des DBVC zum Thema »Organisationsbezüge im Coaching«). Zentraler Fokus des psychodynamischen Coachings ist, zu verstehen, wie sich die Wechselwirkung zwischen dem subjektiven Erleben der Coachingpartnerin und dem Kontext gestaltet, in dem sie tätig ist. Einfluss auf ihr subjektives Erleben und Verhalten haben neben der spezifischen Organisationskultur die Branche, in der sie tätig ist, die Entwicklungsphase des Unternehmens, der interaktionale Kontext der jeweiligen Teamdynamiken und vieles mehr. Eine Coachingpraxis, die nur den individuumszentrierten Blick einnimmt, greift hier zu kurz. Mehrperspektivität ist gefragt auf den Ebenen der Person, des Teams und der Organisation mitsamt ihrem Umfeld. Für die Diagnostik (Möller u. Kotte, 2013) braucht es viele Brillen, und ebenso muss die Interventionsebene die Person, ihre Rolle und Funktion sowie die Organisation gleichermaßen im Blick haben. Ausgangspunkt für viele Coachingprozesse sind zunehmend Veränderungsdynamiken in Organisationen. Coaching hilft hier der Gesamtorganisation, über die Beratung der Führungskräfte Transformationsprozesse adäquat zu gestalten.

Schon in der Kontraktgestaltung ist die Triangulierungskompetenz des Coaches gefragt (vgl. Abbildung 4). Muss er sich in Dreiecks- oder Viereckskontraktgesprächen angemessen balancierend zwischen den Interessen der Vorgesetzten, der Personalentwicklung und der Coachingklientinnen bewegen? Auch bei der Auswahl der Interventionsfokusse gilt es, diese Spannung zu halten und nicht auf die so viel einfachere Arbeit am Individuum zurückzufallen.

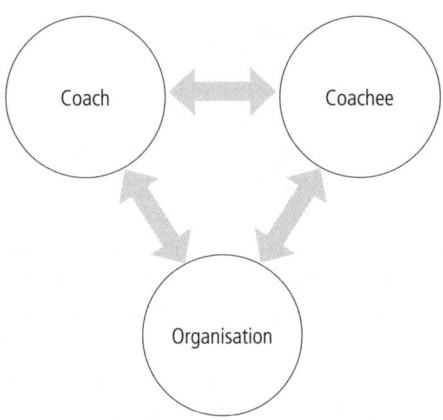

Abbildung 4: Triangulierungskompetenz bei der Kontraktgestaltung

Zudem gilt es, auch die Arbeit innerhalb der Sitzung zu triangulieren, wie die folgende Abbildung 5 zeigt:

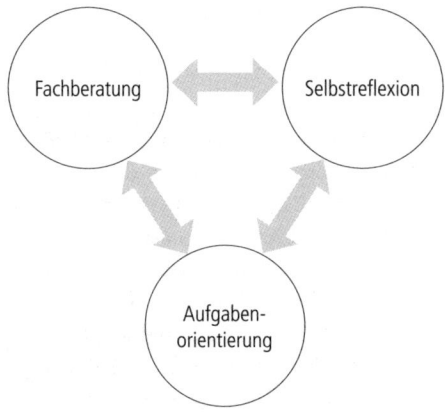

Abbildung 5: Triangulierungskompetenz in der Sitzung

3.2 Containment als Arbeitshaltung

Während einer psychodynamischen Coachingsitzung pendelt der Coach zwischen der Wahrnehmung der bewussten und der unbewussten Kommunikation. Auf der einen Seite hört er seinem Coachee zu und setzt sich mit den Anliegen, Fragen und Zielen auseinander. Er gibt Antworten und stellt Informationen zur Verfügung. Auf der anderen Seite achtet er auf seine Gegenübertragung, seine spontanen Gedanken, Empfindungen, Tagträume und Körpergefühle. Aus Beobachtung und Auswertung der Gegenübertragung entwickelt er Hypothesen, welche Aspekte relevant, aber nicht bewusst sind und stellt seine Überlegungen seinem Coachee zur Verfügung. Die Gegenübertragungsreaktionen des psychodynamischen Coaches werden sowohl als Antwort auf die unbewussten Aspekte der Coachingpartnerin als auch auf das Unbewusste des Teams, in das sie eingebunden ist oder welches sie führt, verstanden. Auch das Unbewusste der Organisation kann sich in der Coach-Coachee-Dyade abbilden. Auf diese Weise nimmt der Coach eine Containmenthaltung ein und versucht, Nichtbewusstes in Bewusstes zu überführen.

▶ Fallbeispiel

Ich bemerke in einer Coachingsitzung mit einer Führungskraft einer großen Behörde, wie ich immer schneller werde und immer mehr unter Druck gerate, gut zu sein. Diese Dynamik ist mir schon mehrfach in Coachingsitzungen mit anderen Mitarbeiterinnen dieser Organisation aufgefallen. Konfrontiert mit meiner Gegenübertragungsreaktion – dass ich bemerke, wie sehr ich mich in der Sitzung anstrenge und wie groß meine Sorge ist, nicht zu genügen – erkennt sich mein Klient im Sinne der konkordanten Gegenübertragung wieder: So ginge es ihm Tag für Tag. In der weiteren verstehenden Arbeit dieser Affektlage stellt sich heraus, dass diese Organisation stramme Zielvorgaben für die Führungskräfte bereithält. Damit nicht genug: Jeder, der in dieser Organisation seine Ziele nicht mindestens mit 130 % erfüllt, gilt als »Underperformer« und sinkt in der informellen Hierarchie ab. In der Sitzung konnten sinnvolle Copingstrategien für den Klienten entwickelt und sein Widerstandspotenzial gesteigert werden.

Diese kurze Situationsbeschreibung zeigt, wie Coaches in der Coachingsituation immer wieder mit Reaktionen, vagen Gefühlen und eigenen Handlungsimpulsen konfrontiert werden, die sie nicht ohne Weiteres einordnen können und auf die sie nicht sofort zu reagieren brauchen. Sie müssen etwas »in sich aufnehmen«, »in sich behalten« und erst verdauen und verarbeiten, bevor sie es an den Coachee in veränderter Form zurückgeben können.

Das psychodynamische Modell geht davon aus, dass neben der bewussten Kommunikation ständig auch unbewusste Prozesse, wie Projektionen, projektive Identifikationen und Übertragungen, bei Interaktionen eine Rolle spielen. Dabei sind diese Formen der unbewussten Kommunikation nicht auf pathologische Settings und problematische Inhalte beschränkt, sondern laufen ständig ab. Charakteristisch ist, dass diese Interaktion Unbewusstes vermittelt, das auf keine andere Art und Weise kommunizierbar ist. Das Containmentmodell bietet einen theoretischen Rahmen für Coaches, mit diesem unbewussten Material umzugehen. Es geht dabei nicht nur darum, es auszuhalten, ohne zu sehr belastet zu werden, sondern vor allem darum, das unbewusst Vermittelte zu verstehen und dann verwandelt zurückzugeben.

3.3 Konfliktachsen der operationalisierten psychodynamischen Diagnostik als Koordinatensystem

Für Coaching spielt (ebenso wie für Konfliktmediation) das Verständnis der Konfliktachsen der operationalisierten psychodynamischen Diagnostik (OPD) eine wichtige Rolle (Benecke u. Möller, 2013). Mit ihrer Hilfe werden Themenfelder erfasst, die für Coachees konflikthaft sind und in denen sie nicht flexibel, sondern eher starr reagieren. Sie stellen somit ein Koordinatensystem innerhalb des Containmentprozesses dar. Mit ihnen kann die persönliche Seite des Coachees erfasst werden.

> (!) OPD-Achsen überdauernde konflikthafte Themen
>
> ▶ Bindung/Autonomie
> ▶ Selbstwirksamkeit
> ▶ Versorgung
> ▶ Selbstwert
> ▶ Verantwortlichkeit
> ▶ Konkurrenz

▶ Fallbeispiel

Die Coachee beschreibt detailreich, wie sie ihre Abteilungsleiter führt und nach welchen Prinzipien sie sie in ihre strategischen Überlegungen einbindet. Sie ist sogar einen Konflikt mit ihrer Führungskraft eingegangen, weil sie einen Termin mit dieser verschoben hat, um an einem Workshop einer ihrer Abteilungsleiter teilzunehmen.

Unter Konfliktaspekten des OPD bildet die Coachin die Hypothese, dass hier die Dimension Versorgung aktiviert wurde. In Form eines aktiven Modus wird die Versorgung der Abteilungsleiter in den Vordergrund gestellt, möglicherweise werden eigene Bedürfnisse nach Versorgung, z. B. in Form des Termins mit der eigenen Führungskraft, abgewehrt. Im Coaching geht es darum, diese Überlegungen dem Coachee zur Verfügung zu stellen (bewusst zu machen) und gemeinsam darüber nachzudenken, ob er sich in dieser Hinsicht starr und nicht flexibel genug zeigt.

▶ Fallbeispiel

Ein 45-jähriger Bereichsleiter kommt zum Coaching und betritt zügig vor dem Coach das Beratungszimmer. Im Gehen zieht er sein Jackett aus, lässt es auf einen Sitz fallen, lockert seine Krawatte, setzt sich auf einen anderen freien Sitz, verschränkt die Arme hinter dem Kopf, lächelt und sagt: »So, nun legen Sie mal los.« Die Beraterin spürt daraufhin innerlich Ärger und einen leichten Angriffsimpuls. Sie entscheidet sich dafür, ihrem Affekt zunächst keinen Ausdruck zu verleihen, aber später darauf zurückzukommen. Dementsprechend reagiert sie neutral mit der Frage: »Sollen wir uns zunächst etwas miteinander bekannt machen?«

Die Bedeutung dieser Situation ist selbstverständlich vielschichtig und kann nicht eindeutig interpretiert werden. Handlungsleitend für das Verständnis der Szene ist die Entschlüsselung der Gegenübertragung der Coachin. Im Folgenden wird dies näher erläutert.

3.4 Das Objektbeziehungsdreieck

Während des Coachings gehen Interventionen und Diagnostik Hand in Hand. Für die Diagnostik im psychodynamischen Coaching ist das Konzept des Objektbeziehungsdreiecks, das aus der psychodynamischen Therapie (Malan, 1979) übernommen und von uns modifiziert wurde (Giernalczyk u. Albrecht, 2012; Giernalczyk, Lohmer u. Albrecht, 2013), eine wichtige theoretische Grundlage. Im Objektbeziehungsdreieck wird das Verhalten des Coachees in verschiedenen Situationstypen miteinander in Verbindung gebracht, wie in der folgenden Abbildung 6 skizziert.

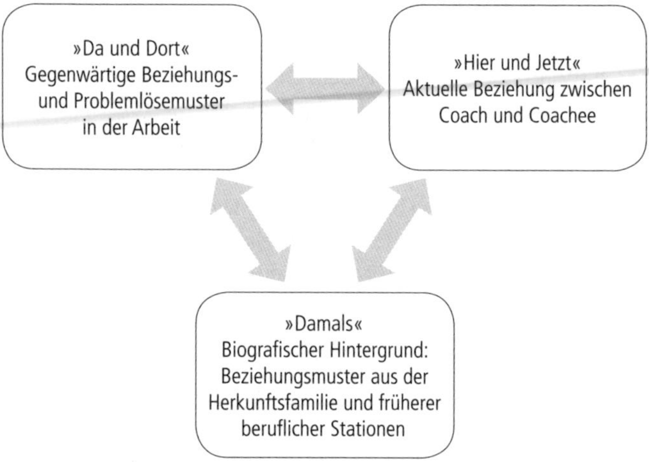

```
┌─────────────────────────┐         ┌─────────────────────────┐
│     »Da und Dort«       │ ◄─────► │     »Hier und Jetzt«    │
│ Gegenwärtige Beziehungs-│         │  Aktuelle Beziehung     │
│ und Problemlösemuster   │         │  zwischen Coach und     │
│      in der Arbeit      │         │        Coachee          │
└─────────────────────────┘         └─────────────────────────┘
                    ┌─────────────────────────┐
                    │        »Damals«         │
                    │ Biografischer Hintergrund: │
                    │ Beziehungsmuster aus der │
                    │ Herkunftsfamilie und früherer │
                    │   beruflicher Stationen │
                    └─────────────────────────┘
```

Abbildung 6: Objektbeziehungsdreieck (Giernalczyk u. Albrecht, 2012, modifiziert nach Malan, 1979)

Die aktuelle Interaktion zwischen Beraterin und Klient, die »Hier-und-Jetzt«-Situation, zeigt neben den verhandelten Themen auch etwas von der Art und Weise, wie der Klient Beziehungen aufnimmt und Probleme löst. Neben der Beobachtung der Interaktion stellt hier die Reflexion der eigenen Reaktionen (der Gegenübertragung) der Beraterin einen wesentlichen Zugang dar.

Der zweite Situationstyp bezeichnet Interaktionen in der Arbeit, die wir das »Da und Dort« nennen. Die Analyse von Situationen zwischen Coachee und seinen Mitarbeitern stellt eine weitere diagnostisch relevante Methode psychodynamischen Coachings dar.

Das dritte Element sind Beziehungserfahrungen und Problemlösemuster, die in der Vergangenheit der Berufsbiografie und in der Herkunftsfamilie gemacht wurden. Dieses »Damals« ist mitunter die Grundlage, auf der aktuelle Beziehungen gestaltet und Aufgaben erledigt werden, und sollte somit auch Beachtung im Coachingprozess erfahren.

Im Rahmen des Objektbeziehungsdreiecks wird davon ausgegangen, dass es eine Korrespondenz der drei genannten Ebenen gibt.

Wenn es der Beraterin gelingt, Parallelen zwischen den verschiedenen Situationstypen herauszuarbeiten und ihrem Coachee zur Verfügung zu stellen, dann erhält der Kunde wichtige Informationen über (oft nicht bewusste) Muster, die er anwendet. Somit wird der Klient in die Lage versetzt, diese auf Angemessenheit zu überprüfen und sie bei Bedarf zu modifizieren.

Im Coaching bedeutet das beispielsweise konkret, dass Coachee und Coach immer wieder miteinander untersuchen, ob sich in ihrer Interaktion etwas widerspiegelt, das eine wichtige zusätzliche Information über den Stil und die Gewohnheiten des Coachees im Arbeitsleben enthält.

Die Beraterin nutzt dazu neben der Wahrnehmung ihres Coachees auch ihre Selbstwahrnehmung und nimmt auf, welche Gefühle und Eindrücke bei ihr durch das Gespräch und die gemeinsame Szene entstehen. Im »Hier und Jetzt« der Beratung werden Aspekte des »Da und Dort« der Arbeit untersucht. Entsprechend des psychodynamischen Konzepts des *szenischen Verstehens* ist es günstig, wenn die Beraterin nicht nur aktiv strukturiert, sondern ihrem Klienten auch Raum zur Gestaltung überlässt, damit dieser etwas von seiner Art und seinen Kommunikationsstrategien zeigen kann.

3.5 Zusammenfassung wesentlicher Arbeitsprinzipien

In einem iterativen Prozess verbindet die Coachin Diagnostik, Bildung von Hypothesen und Intervention. Den Themenschwerpunkt bestimmt in jeder Sitzung zunächst der Coachee. Auf diese Weise wird garantiert, dass das Thema für ihn relevant ist; außerdem ist es diagnostisch interessant, zu sehen, womit der Coachee innerlich beschäftigt ist. Um die Komplexität der Themen erfassen zu können, ist es erforderlich, sie anhand konkreter Interaktionen oder Szenen zu reflektieren. Der Coachee schildert ausführlich ein Gespräch und die Coachin kann dazu ihre Gegenübertragung zur Verfügung stellen. Eine weitere Dimension ist die institutionelle Einbindung des Coachees: Welche Rolle füllt er aus, wo steht er im Organigramm und wie hängen seine Aufgaben mit der Primäraufgabe der Organisation zusammen? Lassen sich Übereinstimmungen und Parallelen zwischen unterschiedlichen Ereignissen im Sinne von Spiegelphänomen herstellen? Entsprechend des soziotechnischen Ansatzes ist die Untersuchung der persönlichen Beziehungs- und Problemlösemuster ein weiterer wichtiger Schritt. In ihrem Rahmen kann nach den primären Bezugspersonen und wesentlichen Interaktionserfahrungen in der Herkunftsfamilie gefragt werden. Die Coach bringt erlernte, oft unbewusste Beziehungserfahrungen aus der Herkunftsfamilie in Zusammenhang mit den aktuellen Beziehungen in der Organisation und aktualisiertem Verhalten in der Beratungssituation.

4 Teamentwicklung – neue Muster der Zusammenarbeit ermöglichen

Teamentwicklung unterstützt Teams in der Erledigung ihrer Aufgaben und tut dies, indem die Zusammenarbeit gefördert wird. Grundsätzlich werden dabei die Belange der sachlichen Arbeit und die der Individuen sowie der Gruppendynamik berücksichtigt. Teamentwicklung bezieht sich auf die rationalen und organisationalen Aspekte wie Aufgabenverteilung, Führung, Rollenklarheit und Verantwortung, aber auch auf die individuellen Aspekte. Zu ihnen gehören unter anderem die Bedürfnisse nach Anerkennung, nach Zugehörigkeit, nach Einfluss und nach tolerierbarem Angstlevel, Sinnerleben und Leidenschaft. Als drittes Bezugssystem gilt die Gruppen- oder Teamdynamik. Sie geht von der Einsicht aus, dass Phänomene in der Zusammenarbeit entstehen, die weder mit den einzelnen Personen noch mit der Art der Aufgaben hinlänglich erklärt werden können. Gruppendynamik betrachtet ein Team als komplexes, adaptives System, das eine evolutionäre Entwicklung hat, die nicht mehr umkehrbar ist. Komplexe Systeme entwickeln Muster, die nicht auf klaren Ursache-und-Wirkung-Zusammenhängen basieren (Snowden u. Boone, 2007). Deshalb sind Entwicklungen nicht eindeutig vorhersehbar. Es entstehen im Laufe ihrer Existenz emergente Muster, die bisher nicht existiert haben. Als komplexes System steht das Team im Austausch mit seiner Umwelt, und relevante Umwelt ist die Organisation (ebenfalls ein komplexes System), in die das Team eingebettet ist (vgl. zum Unterschied von kompliziert und komplex auch das Kapitel 9 zur Strategieentwicklung). Zusammengefasst betrachten wir vorläufig psychodynamische Teamentwicklung in dem Bezugsrahmen Aufgaben, Führung, Personen, Teamdynamik und Organisation (vgl. Abbildung 7). Später werden wir diesen Rahmen weiter differenzieren.

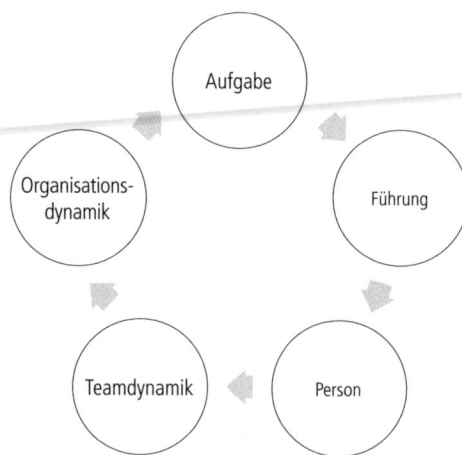

Abbildung 7: Eckpunkte psychodynamischer Teamentwicklung

Damit wird klar, dass in unterschiedlicher Weise das Unbewusste und Nichtgewusste eine wichtige Rolle neben dem Bewussten und Bekannten spielen: das Unbewusste der einzelnen Personen, die komplexe und nichtvorhersehbare und damit nichtbewusste Teamdynamik und die Dynamik der Organisation, die die Teamarbeit ihrerseits beeinflusst, ohne sie vollständig zu determinieren.

4.1 Ablauf einer Teamentwicklung

Psychodynamische Teamentwicklung folgt im Grunde der Logik Diagnostik – Intervention – Evaluation, wie die folgende Abbildung 8 zeigt.

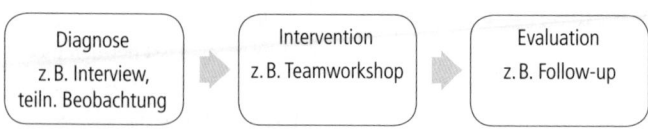

Abbildung 8: Ablauf und Beispiele einer Teamentwicklung

Schaut man genauer hin, so sind alle drei Ebenen eng miteinander verwoben (vgl. Abbildung 9). In der Diagnostik stößt z. B. ein Interview Veränderungsimpulse an, indem es unterschiedliche Erwartungen und Veränderungen bei den Interviewten auslöst. Während der Intervention, z. B. in einem Teamworkshop, erfolgen weitere prozessuale Diagnostik und permanente Evaluation bezüglich der Auswirkungen der Interventionen und der Veränderungen des Teams. Dabei wird beobachtet, welche Übung oder Deutung zu einer Veränderung führt oder welche Intervention verpufft und ignoriert wird.

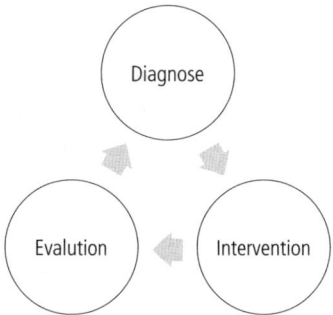

Abbildung 9: Ebenen der Teamentwicklung

Typischerweise beginnt eine Teamentwicklung mit einer Auftragsklärung durch die Leitungsperson. Darin wird geklärt, wie sie die Situation erlebt und welche Zielsetzungen angestrebt werden.

▶ Fallbeispiel

Der Abteilungsleiter aus dem Einkauf entscheidet sich für eine Teamentwicklung, weil zum zweiten Mal die Auswertung der Mitarbeiterinnenbefragung schlechte Werte in der Mitarbeiterzufriedenheit seines Teams ergeben hat. Auf dem obligatorischen Mitarbeiterinnenbefragung-Folgeworkshop wurde eine Teamentwicklung als Maßnahme beschlossen. Der Abteilungsleiter räumt bei der Auftragsklärung freimütig ein, dass er sowohl an der Zufriedenheit seiner Mitarbeiterinnen als auch an seiner persönlichen Zielvereinbarung interessiert ist.

Aus psychodynamischer Perspektive ist es oft sinnvoll, im zweiten Schritt Interviews mit den Teammitgliedern zu führen und/oder soziometrische Instrumente einzusetzen. Sowohl Einzelinterviews als auch Gruppeninterviews und Teamfragebögen sind dabei denkbar. Psychodynamisch wird die Methode des Tiefeninterviews gewählt. Im Wesentlichen geht es beim Tiefeninterview darum, dass der Interviewte seine eigene Sicht auf das Team erzählend und szenisch ausbreiten kann. Deshalb wird das Interview durch eine allgemeine Einladung eröffnet und dem Interviewten Raum gegeben, seine eigenen Schwerpunkte zu setzen. Erst zu einem späteren Zeitpunkt werden inhaltliche Fragen geklärt. Die Fragen nach Stärken und Schwächen der Zusammenarbeit, die aus der SWOT-Analyse (Strengths – Stärken, Weaknesses – Schwächen, Opportunities – Chancen, Threats – Bedrohungen) entlehnt sind, haben sich neben Fragen nach Wünschen und Anregungen bewährt. Damit der Interviewte offen sprechen kann, wird Vertraulichkeit bezüglich ausgewählter Inhalte zugesichert. Ergänzt wird das Interview oft mit kreativen Methoden, wie Aufstellungsfiguren, Legosteinen, Teambildern oder dem Inszenario-Kasten. Am Ende des Interviews wird verabredet, was nur als Hintergrundinformation für die Teamentwickler gedacht ist und welche Punkte in die allgemeine Ergebnisdarstellung eingebracht werden können.

▶ Fallbeispiel (Fortsetzung)

Die Interviewte steht gleich nach der Eröffnungsfrage, wie sie die Zusammenarbeit einschätzt, auf, fragt, ob sie etwas auf das Flipchart malen darf, und beginnt dozierend zu sprechen. Sie setzt sich während der folgenden 15 Minuten nicht mehr hin. Die Interviewer fühlen sich zunehmend mundtot gemacht und für die Inhalte nicht als kompetent wahrgenommen. Inhaltlich führt die Interviewte aus, dass »der Fisch vom Kopf stinkt«, und kritisiert in entwertender Weise den Abteilungsleiter und seinen Stellvertreter als unfähig, inkonsequent und eitel. Sie selbst sieht sich mit ihrer Teilgruppe als eine der wenigen »Einäugigen unter den Blinden« und gibt sich resigniert bezüglich Veränderungsmöglichkeiten.

Tiefeninterviews werden für die Teamentwicklung sowohl hinsichtlich des manifesten Inhalts als auch hinsichtlich szenischer Aspekte ausgewertet. Dafür ist ein methodisches Vorgehen entlang einer Forschungswerkstatt nach der Balint-Methode (Schefold, Giernalczyk u. Glinka, 2008) ein geeignetes Verfahren.

Als weiterer Schritt wird ein ein- bis zweitägiger Teamworkshop durchgeführt. In ihm werden wichtige Interviewergebnisse zurückgespiegelt und gemeinsam diskutiert. Anhand identifizierter Themen wird in Untergruppen gearbeitet und die Ergebnisse werden im Gesamtteam diskutiert. Häufige Themen sind Aufgabenverteilung, Verantwortungsklärung, Spielregeln und Erwartungsmanagement. Nicht selten zwingt ein Veränderungsprozess in der Organisation das Team, diese Fragen neu zu diskutieren. In der Regel mündet der Workshop in eine konkrete Verabredung über neue Projekte oder Maßnahmen. Sind es Verabredungen, geht es um die verbindliche Zustimmung der Teammitglieder; werden neue Konzepte entwickelt, so müssen diese in der Folge von Teilarbeitsgruppen finalisiert und umgesetzt werden.

▶ Fallbeispiel (Fortsetzung)

Schwerpunkt des Teamworkshops sind unklare Arbeitsprofile zwischen vier bestehenden Arbeitsgruppen im Team. So kam es in der Vergangenheit immer wieder vor, dass zwei der Arbeitsgruppen überlastet waren und sich über ihre Gruppenleiterin geärgert haben, weil sie

sie nicht genug vor, als ungerecht empfundenen Aufgaben geschützt hat. Eine Analysephase ergab, dass Veränderungen in der Firma zu Verschiebungen der Aufgaben geführt hatten, was jedoch nicht gleichermaßen vom Abteilungsleiter und den Gruppenleiterinnen aufgenommen wurde.

Nach einem Teamworkshop ist es häufig sinnvoll, im Abstand von einigen Wochen oder Monaten einen Follow-up-Termin anzusetzen, in dem kritisch reflektiert wird, was umgesetzt wurde, was von der Planung nicht funktioniert hat und was weitere Schritte sein könnten.

► Fallbeispiel (Fortsetzung)

Im Follow-up wurde Folgendes berichtet: Der neu eingeführte Tagesordnungspunkt »Aufgabenverteilung« im Arbeitsgruppenleiter-Jour-fixe wurde nur dann effektiv durchgeführt, wenn jeweils ein Teammitglied aus den Arbeitsgruppen dazu geholt wurde. Gemeinsam wurde beschlossen, den Arbeitsgruppenleiter-Jour-fixe nun regelmäßig für vier rotierende Teammitglieder zu öffnen.

4.2 Modell zur Teamdiagnose

Als weiterführendes diagnostisches Modell eignet sich für psychodynamische Teamentwicklung das »Six-Box-Modell« von Marvin Weisbord (1978), das die folgende Abbildung 10 darstellt.

Abbildung 10: Six-Box-Modell zur Teamdiagnose nach Weisbord (1978, S. 9, eigene Übersetzung)

Das Modell impliziert die anfangs genannten Bezugspunkte psychodynamischer Teamentwicklung und schlägt diagnostische Fragen vor. Die Beantwortung dieser Fragen liefert wichtiges Material, um über die verschiedenen Ebenen der Teamarbeit zu diskutieren. Die Erledigung der Aufgaben wird über die Boxen »Mission/Ziel« und »Struktur« erfasst. Die Fragen dazu lauten:

- **Mission/Ziel:** Kennen die Geführten die wichtigsten Ziele? Stimmen sie mit den Zielen innerlich überein? Haben sie/habe ich das notwendige Commitment?
- **Struktur:** Ist der Aufbau von Rollen und Aufgaben passend für gute Aufgabenerledigung?

In der Box »Beziehungen« werden die individuelle Ebene der Teammitglieder und die Teamdynamik adressiert.

- **Beziehungen:** Sprechen die richtigen Personen im richtigen Ausmaß über die richtigen Themen? Wird offen mit Kontroversen umgegangen?

»Hilfsmechanismen« und »Sanktionen« adressieren die eher technischen Elemente aus dem soziotechnischen Modell.
- **Hilfsmechanismen:** Gibt es genug technische und digitale Unterstützung als Antwort auf Schwierigkeiten in den Boxen? Welche Maßnahmen können noch entwickelt werden?
- **Belohnung/Sanktionen:** Lohnt sich Anstrengung? Was bekommen Mitarbeitende dafür? Hat Fehlverhalten negative Konsequenzen?

»Führung« ist als Box in der Mitte platziert. Führung soll alle bezeichneten Boxen im Blick haben und für Ausgleich zwischen ihnen sorgen. Weisbord geht davon aus, dass die Vernachlässigung einer Box leicht zu Schwierigkeiten führt, die im Rahmen von Teamentwicklung bearbeitet werden müssen.

4.3 Merkmale psychodynamischer Teamentwicklung

Ein wesentliches Merkmal psychodynamischer Teamentwicklung ist die iterative Planung der Maßnahmen und der Inhalte. Angelehnt an das Lewin'sche Aktionslernen wird nach jedem Schritt reflektiert, was die nächste sinnvolle Intervention ist. Damit entspricht psychodynamische Teamentwicklung einem agilen Vorgehen. Es werden rasch Prototypen (wie z. B. neue Sitzungsformate) entwickelt und ihre Effekte ausgewertet. Es ist selbstverständlich, dass bei einem komplexen und teilweise unbewussten System wie einem Team nicht eine Maßnahme von vornherein als richtig oder falsch eingestuft werden kann. Teamentwicklung testet Interventionen und beobachtet die organisatorischen und dynamischen Auswirkungen. Entsprechend der Auswertung dieser Auswirkungen wird erneut interveniert und wiederum beobachtet. Wenn deutlich wird, dass bestimmte Informationen nicht fließen, muss der Informationsfluss verbessert werden. Das Gleiche gilt für nichtkomplexe, aber komplizierte Abläufe wie Gehaltsabrechnungen. Wenn diese Transaktion nicht zuverlässig funktioniert und Mitarbeiter nicht wissen, ob das Geld zum vereinbarten Zeitpunkt und in der vereinbarten Höhe überwiesen wird, so ist dies ein relevantes Thema für Zusammenarbeit und Mitarbeiterinnenzufriedenheit und erfordert eine neue gute Praxis.

Betrachtet man die unterschiedlichen Ebenen, die der komplexen und die der komplizierten Zusammenhänge, die immer gleichzeitig in Teams existieren, so oszilliert psychodynamische Teamentwicklung zwischen beiden Dimensionen. Sie widersteht zudem der Versuchung, komplexe Vorgänge mit nur simplen Maßnahmen zu bearbeiten. Sie beachtet darüber hinaus, dass nicht jede komplizierte Problemstellung eine komplexe Reaktion erfordert.

Was unterscheidet psychodynamische Teamentwicklung von anderen Ansätzen? Obwohl an vergleichbaren Sachthemen gearbeitet wird, nehmen die psychodynamischen Teamentwickler eine bestimmte Perspektive ein, bei der sie komplexe Vorgänge mithilfe psychodynamischer Konzepte und durch die Analyse ihrer Gegenübertragung interpretieren und ihre Hypothesen über bestehende Muster den Teammitgliedern als Deutung zur Verfügung stellen. Sie überlassen es dem Team, wie sie mit dieser Konstruktion umgehen, und beobachten, ob dies zu einer Veränderung führt.

Mit ihrer Entwicklungsperspektive erkunden psychodynamische Teamentwicklerinnen die Geschichte des Teams, weil sie davon ausgehen, dass die Vergangenheit auf die gegenwärtige Zusammenarbeit einwirkt. Außerdem interessieren sie sich für die gesamte Organisation, denn unterschiedliche Bereiche können Muster von anderen Bereichen reproduzieren oder spiegeln. In Form von »moving conflicts« werden mitunter Konflikte als persönliche Gegensätze erlebt, die doch von anderen Ebenen des Systems initiiert sind. Ein häufiges Beispiel dafür sind Auseinandersetzungen, die sich auf der ersten Leitungsebene der Organisation ereignen und in ähnlicher Form auf der zweiten oder dritten Ebene fortgesetzt werden. Ausgehend von dem Konzept, dass Arbeit Ängste erzeugt, die abgewehrt werden müssen, untersucht der Berater bei Arbeitsabläufen die Frage, inwiefern sie aufgabengerecht, also »on task«, oder nicht aufgaben-, sondern abwehrgerecht, also »off task«, durchgeführt werden.

Beispiel: In einem Krankenhaus wurde beobachtet, dass schwer kranke Patientinnen häufiger als für die Behandlung erforderlich in andere Zimmer und Abteilungen verlegt wurden. Die Arbeit in der Teamentwicklung ergab, dass die Teammitglieder die Primäraufgabe suboptimal erfüllen, aber dafür sich selbst davor schützen, eine enge Bindung mit den schwer kranken und teilweise sterbenden Patienten einzugehen, um ihrerseits nicht emotional überfordert zu werden (Hinshelwood u. Skogstad, 2001).

Ein weiterer Aspekt in der psychodynamischen Teamentwicklung ist die Frage, ob alle Mitglieder des Teams ihren Fähigkeiten und Talenten gemäß eingesetzt sind. Durch leichte Aufgabenverschiebungen kann hier mehr Arbeitszufriedenheit hergestellt werden. Oft reproduzieren Teammitglieder in den Teams ihre jeweilige Familienmatrix (Foulkes, 1992). Dies kann zu Rollenfixierungen führen, die entweder dysfunktional sein können oder aber auch die Spielräume der einzelnen Mitglieder einengen.

▶ Fallbeispiel

Eine typische »älteste Schwester« sieht in einem Hochschulteam die Probleme immer als Aufgabe an, die sie allein zu lösen hätte. Damit werden die anderen »entmündigt«, obwohl sie vielleicht auch gute Ideen haben und ihren Beitrag leisten könnten. Eine Diversifizierung der Verhaltensbereitschaften der älteren Schwester kann zudem deren Überlastungsgefühle eindämmen.

Teamentwicklung ist als Unterstützung für Teams bei ihrer Aufgabenerledigung auch eine zentrale Maßnahme im Rahmen von Changemanagement. Denn durch Changemanagement wird die Primäraufgabe verschoben, und zentrale Ziele und Prozesse müssen auf den Ebenen des Individuums, des Teams und der gesamten Organisation weiterentwickelt werden.

5 Teamsupervision – fortlaufende Reflexion der Primäraufgabe

Unter Teamsupervision ist eine Beratungsmethode für Teams zu verstehen, die sie bei der Bewältigung ihrer Arbeit unterstützt. Psychodynamisch heißt dabei, die bewusste und unbewusste Bedeutung verschiedener Themen gemeinsam zu reflektieren, wie z. b. Aufgabenerledigung, Rollenverständnis, Funktionen, Beziehungen, Konflikte und Einbindung in die Organisation. Veränderungsprozesse erfahren hier eine besondere Beachtung.

Teamsupervision findet ihr Hauptanwendungsgebiet in klinischen und psychosozialen Einrichtungen. Sie ist im Gegensatz zu anderen Beratungsformen als begleitende und nicht nur als punktuelle Beratung konzipiert. Teams nehmen ihre Supervision in zweiwöchentlichem oder monatlichem Abstand wahr und thematisieren auf der einen Seite die Klienten-Helferinnen-Beziehung, erhöhen dadurch ihre Fachkompetenz, entwickeln ihre professionelle Identität weiter und lassen auch ihre Arbeit kontrollieren. Auf der anderen Seite spielen Fragen der Kooperation eine Rolle, es wird an der Arbeitszufriedenheit gearbeitet, die Aufgaben- und Klientenbezogenheit wird gestärkt und Konflikte werden mediiert. Teamsupervision wendet sich auch dem Verstehen der eigenen Berufsbiografie zu und hilft, berufliche Belastung zu entindividualisieren und zu entpersonifizieren.

5.1 Nutzung von Spiegelungsphänomenen

Es fließen in diesen Ansatz sowohl die gruppenanalytische Theoriebildung (Foulkes, Bion) als auch das Wissen und die Erfahrung mit der Balintgruppenarbeit ein. Balintgruppen stellten historisch die Helferin-Klient-Beziehung in den Mittelpunkt, die durch die Darstellung von Fällen und die systematische Analyse der Gegenübertragungsphänomene in der Gruppe beleuchtet wurde. Die Balintgruppenarbeit war in ihrer ursprünglichen Absicht ein Instrument der Erweiterung hausärztlicher Praxis in Richtung der Etablierung einer ganzheitlichen Medizin. In der heutigen modernen und erweiterten Balintarbeit geht es um das Verständnis der Psychodynamik zwischen Interaktionspartnerinnen in Organisationen unter Nutzung des von Balint entdeckten Spiegelungsphänomens: Hierbei handelt es sich um den Zusammenhang zwischen dem aufzuklärenden Phänomen, also z.B. einer problematischen Vorgesetzter-Mitarbeiterin-Beziehung, und dem Geschehen in der Gruppe beim Bearbeiten dieser Fragestellung, das durch die Identifikation der anderen Gruppenmitglieder mit emotionalen Aspekten der geschilderten Beziehung strukturiert wird. In der Reflexion des Gruppenprozesses können dann die psychodynamischen Hintergründe, die die geschilderte Interaktionssequenz kennzeichnen, rekonstruiert und neue Handlungsoptionen entwickelt werden. Alle Beziehungen und Beziehungsaspekte, die sich mittelbar oder unmittelbar auf die berufliche Tätigkeit beziehen, sind in die Teamsupervisionsarbeit eingeschlossen. Der fallbezogene Ansatz, etwa nach dem Muster der von Balint (1957) entwickelten Methode, und die konfliktbezogenen, auf die unbewusste Gruppendynamik gerichteten Methoden sind gleichermaßen bedeutsame Perspektiven.

5.2 Interventionsebenen des Supervisors

Der Ablauf einer Sitzung wird unterschiedlich gestaltet. Der Einstieg kann dadurch erfolgen, dass die Supervisorin abwartet, welche Anliegen Teammitglieder einbringen. Sie kann auch eine Blitzlicht-Übung vorschlagen und anschließend mit dem Team ein Thema oder mehrere Themen festlegen.

Die Interventionen des Supervisors während der Bearbeitungsphase können sich auf unterschiedliche Ebenen beziehen. Exemplarisch haben wir davon die wichtigsten zusammengestellt:
- Setting und Rahmen der Sitzungen,
- der angebotene Fall,
- die aktuelle Teamdynamik,
- Struktur oder Prozess der Teamarbeit,
- die Beziehungsdimensionen der Fragestellung,
- Defizite oder Ressourcen des Teams,
- die Einbindung in die Organisation und die Primäraufgabe,
- der Umgang mit permanenten Veränderungen.

Die Form der Interventionen kann dabei stützend, strukturierend oder deutend sein.

In der psychodynamischen Teamsupervision wird zwischen mehreren Beziehungsebenen unterschieden:
1. die Beziehungen des Teams zu seinen Kundinnen/Klienten oder der Primäraufgabe,
2. die Beziehungen der Teammitglieder untereinander,
3. die Beziehungen des Teams zu Personen und Gruppen in der Organisation.

Die beiden Ebenen 2 und 3 werden dann wichtig, wenn eine Konfliktdynamik den Arbeitsauftrag erschwert und behindert. Die Kunst der psychodynamisch arbeitenden Teamsupervisorin besteht nun darin, zwischen Reaktionen des Teams auf die Primäraufgabe, gruppeninternen Konflikten und Konflikten des Teams mit der Organisation zu unterscheiden bzw. das Ineinanderwirken der Faktoren zu analysieren. Ihre Aufgabe ist es somit unter anderem, direkte von indirekten Spiegelphänomenen zu unterscheiden.

Psychodynamische Teamsupervisionskonzepte erweitern also das von Balint entwickelte Modell und gehen davon aus, dass sich in der Supervision auch eine Analyse der organisationalen Dynamik (Mikropolitik, Abwehrgeschehen, primäre Angst …) realisieren lässt.

An den Themen, die die Supervisanden artikulieren, spiegeln sich die Erfahrungen der Supervisanden und die Konfliktzonen der Organisation. Reine Spiegelphänomene sind in organisationalen Kontexten nicht zu erwarten. Die hierarchische Struktur, konzeptionelle Fragestellungen, formal-strukturelle Probleme, wie z. B. Arbeitsplatzprofile und Aufgabenverteilungen, Finanzierungsprobleme, Beförderungsmodi und vieles mehr verzerren bzw. überlagern die Wahrnehmung. Auch fließen Beziehungsstörungen der Teammitglieder untereinander mit ein. Die psychodynamische Teamsupervision wird hier als Ort begriffen, wo die organisationalen Problematiken wiederholt werden. Gruppendynamische Modelle helfen dabei, die unbewussten Übertragungsbeziehungen – auch auf die Organisation – zu bearbeiten. Die Individualität jedes Gruppenmitgliedes und die Dynamik der Gesamtgruppe werden als wechselseitig aufeinander bezogen begriffen. Der Einzelne versucht unbewusst, die in der jeweiligen Primärgruppe erfahrenen Interaktionsmuster, die »verinnerlichte Gruppenmatrix« (Foulkes, 1992), in jeder neuen Gruppe zu aktualisieren, sodass eine durch Übertragung und Interaktionsstile, aber auch durch organisationale Bedingungen beeinflusste Gruppenstruktur entsteht, die nur eine mehr oder weniger gestörte Kommunikation zulässt. Die Supervisorin muss sich ein Bild über das komplexe Beziehungsgefüge des Teams machen, über den Zustand des »Gruppen-Ichs«, die Rivalitäten im Team, Bündnisse und Cliquenbildung wahrnehmen, die Beziehungen zu Vorgesetzten und Verwaltung eruieren, Organisations- und Teammythen sowie Teamfantasien aufspüren, Problemlöseverhalten des Teams und informelle Macht- und Hierarchiestrukturen kennenlernen und vieles andere mehr.

Neben den unbewussten Arbeitsbeziehungen sind durchaus Elemente für die Teamsupervision entscheidend, die dem rationalen Dialog zugänglich sind. An dieser Stelle stellt der psychodynamische Supervisionsansatz keine Besonderheit dar, sondern beschreibt Handwerkszeug, das in allen Schulen übergreifend für obligatorisch gehalten wird. Zu nennen sind unter anderem unterschiedliche Vorstellungen und Erwartungen an den supervisorischen Prozess, Arbeitsplatzbeschreibungen, aktuelle Arbeitssituation, Aufgabenteilung, Geschichte des Teams und berufliche Sozialisation der Mitarbeiter. Ergänzend sind die subjektiven Theorien des Teams über ihre Arbeitsstörungen zentral und der gesellschaftliche Kontext, in dem Supervision stattfindet. In Zeiten der wirtschaftlichen Rezession, also der Veränderung der Systemumwelt, verschiebt sich das Aufgabenprofil von Supervision auch in Richtung von Trennungsarbeit, Begleitung des Werdens und Vergehens von Organisationen.

5.3 Methodik psychodynamischer Teamsupervision

Die psychoanalytische Grundregel wird für den supervisorischen Prozess insofern modifiziert, als dass sich das freie, möglichst assoziative Gruppengespräch sich auf Arbeitszusammenhänge beschränkt. Die analytische Supervisorin reagiert ihrerseits auf die freien Assoziationen mit gleichschwebender Aufmerksamkeit, wenig vorstrukturiert, jedoch auf das vom Team gewählte Thema zentriert. Es gilt, die ausgewogene und für Arbeitskontexte verträgliche Balance zu finden zwischen einem zu systematischen Filtern der Einfälle und der Chance der Öffnung des Zugangs zum Unbewussten. Aufmerksamkeit gilt auch der unbewussten Übertragung-Gegenübertragung-Beziehung zwischen Team und Supervisor: Wie wird der Supervisor vom Team verwendet? Gilt er als Retter, als besserer Chef? Wird er idealisiert oder abgewertet? Wird er als Versorger oder Bündnispartner gegen die Organisation wahrgenommen? Die Beziehung, die das Team zur Supervisorin gestaltet, ist ein zentraler diagnostischer Zugang zur Dynamik der Organisation. Psychodynamische Teamsupervision kann als ständiger Wechsel zwischen Involviertsein und Distanznahme des Supervisors beschrieben werden, der eine theoretische Durchdringung der erlebten Phänomene möglich macht. Neue Perspektiven, die im supervisorischen Prozess gewonnen wurden, müssen sich nun erst einmal im Praxisfeld bewähren oder verworfen werden.

Neben der Deutung, die als eine zentrale Methodik auch der psychodynamischen Teamsupervision angesehen werden kann, wendet die Supervisorin auch andere, nicht deutende Techniken an. Diese dienen vor allem der Stärkung der Ich-Funktionen. Supervisoren erklären und begründen ihre Interventionsschritte, helfen bei der fachlichen Klarifikation, beantworten Rückfragen, greifen aktiv ein, wenn die Arbeitsfähigkeit der Gruppe – bezogen auf ihr Arbeitsziel – bedroht ist. Es ist sinnvoll und möglich, Empfehlungen zu geben, aber ohne die Teilnehmerinnen der Teamsupervision übermäßig zu entlasten und damit zu entmündigen. Voraussetzung dafür ist die notwendige Spannungstoleranz des Supervisors. Er muss gelernt haben, die eigene Angst in Gruppen und Organisationen wahrnehmen und handhaben zu können, damit er sich nicht zu vorschnellem Eingreifen, Strukturierungshilfen und fachlichen Kommentaren hinreißen lässt.

Psychodynamische Teamsupervision erfordert eine hohe Triangulierungskompetenz der Supervisorin. Ihre Abstinenz lässt sich besser als Allparteilichkeit beschreiben. Sie muss den gleichen Abstand zwischen dem Team und dessen Leitung (oft identisch mit dem Auftraggeber) halten. Abstinenz bedeutet hier, sich nicht mit den Mächtigen zu solidarisieren (was vielleicht Anschlussaufträge sichern könnte), sich aber ebenso wenig mit dem Team zu verbünden, als »guter Vater oder gute Mutter«, die stellvertretend für das Team die Kartoffeln aus dem Feuer holen. Ein genauso wichtiges auszubalancierendes Dreieck ist das zwischen der Gruppe/dem Team, der einzelnen Supervisandin und der Primäraufgabe. Darin steckt nun wieder ein weiteres Dreieck, das der Ausgewogenheit zwischen Selbsterfahrung und persönlicher Weiterentwicklung, fachlichem Kompetenzzuwachs und Aufgabenerfüllung.

Es ist für die Supervision wichtig, Muster vertrauter Kommunikation und Interaktion zu verweigern, um neuen Deutungs- und Handlungsmustern Platz zu machen. Teamsupervision geht demnach – will sie hilfreich sein – mit Verunsicherungen und Irritationen eigener Gewissheiten einher. Während Teamsupervision in psychosozialen und klinischen Einrichtungen sehr verbreitet ist, dominiert in Profitunternehmen die Methode der Teamentwicklung. In der Teamsupervision steht die Reflexion der Zusammenarbeit und der Umgang mit Kunden bzw. Klientinnen im Vordergrund. In der Teamentwicklung liegt dagegen der Fokus auf der Veränderung des Teams hinsichtlich bestimmter Aspekte; Reflexion der Zusammenarbeit wird dafür als Hintergrund genutzt.

6 Konfliktmediation – von der Vulnerabilität zur symbolischen Decke

Konflikte sind alltäglicher Bestandteil menschlicher Zusammenarbeit. Sie werden in Organisationen oft schon durch die verschiedenen primären Aufgaben von Abteilungen und Subsystemen vorprogrammiert: Für die Einkaufsabteilung ist es bedeutsam, Material möglichst günstig einzukaufen, für die Entwicklungsabteilung besteht oft das Interesse, bestimmte Qualitätsstandards einzuhalten, um Erfolg haben zu können. Für die Bewältigung dieser Interessensgegensätze ist gegenseitige Mentalisierung eine essenzielle Voraussetzung, um sich nicht in energieaufreibende Auseinandersetzungen zu verstricken.

Veränderungsprozesse in Organisationen steigern ihrerseits das Konfliktpotenzial. Durch sie werden gesicherte Routinen und Kooperationen hinterfragt und Arbeitsbelastungen neu verteilt. Hinzu kommt, dass Veränderungen Unsicherheit und Angst für die Mitarbeitenden erhöhen (Giernalczyk u. Lohmer, 2012). Konfliktmediation ist ein verbreitetes Verfahren zur außergerichtlichen Bearbeitung von Konflikten und wird in Organisationen regelhaft durchgeführt. Die Europäische Union verabschiedete 2008 eine Richtlinie zur Umsetzung eines Mediationsgesetzes in nationales Recht. Seit 2011 gibt es in Deutschland ein Mediationsgesetz, das Mediation als vertrauliches und strukturiertes Verfahren beschreibt. Der Ablauf von Konfliktmediation erfolgt üblicherweise in fünf Phasen: Auftragsklärung, Zusammenstellen aller relevanten Themen, Klärung von Interessen und Hintergründen, Entwicklung und Bewertung von Lösungsoptionen und Abschlussvereinbarung.

Die wirtschaftliche Bedeutung von menschlichen Konflikten und deren Regelung ist längst Bestandteil des Managementdenkens geworden. Kosten von Konflikten werden ökonomisch vermessen und als harter Wirtschaftsfaktor behandelt (KPMG AG Wirtschaftsprüfungsgesellschaft, 2009).

6.1 Erweiterung des Konfliktverständnisses

Die Einzelgespräche in der psychodynamischen Konfliktmediation haben eine hohe Bedeutung für den gesamten Prozess. In ihnen spielt die Untersuchung möglicher Kränkungen und daraus resultierender Reaktionen eine wichtige Rolle. Das Einzelgespräch dient auch als eine Art Schonraum, in dem Verletzungen und Empfindlichkeit anerkannt und damit gemildert werden. Die Einführung des Konzepts der Vulnerabilität, aus dem hervorgeht, dass alle Menschen empfindliche Punkte haben, wirkt darüber hinaus entlastend. Im Rahmen des soziotechnischen Ansatzes, der sowohl die individuelle Seite der Akteure als auch die strukturelle Seite mit Abläufen und Prozessen der Organisation beschreibt, geht es auch darum, die systemische oder organisatorische Seite des Konflikts zu beleuchten. Für welche unterschiedlichen Partialinteressen steht der Konflikt und mit welchen anderen Konflikten ist er verbunden? Im Rahmen des Spiegelungskonzepts wird untersucht, ob sich Konfliktaspekte aus anderen Organisationsteilen an dieser Stelle spiegeln und ob zum Beispiel zwei Kontrahentinnen einen Konflikt austragen, der bereits auf hierarchisch höherer Ebene angelegt wurde. Schließlich haben die Historie und die einzelnen Entwicklungsschritte des Konflikts ebenfalls die Funktion, das Konfliktverständnis zu erweitern. Der Konfliktberater bietet sich als triangulierender Dritter an, der zwischen wechselnden Identifizierungen und einer dritten Position pendelt. Die Beraterin wirbt im Sinne der Intersubjektivität dafür, dass soziale Realität multiperspektivisch gedacht wird und soziale Wahrheit gemeinsam ausgehandelt werden muss.

> **(!) Psychodynamische Aspekte der Mediation**
>
> ▶ Erfassung der Kränkungen und Verletzungen in den Einzelgesprächen
> ▶ Gegebenenfalls Erarbeitung eines erweiterten Verständnisses (Warum bin ich da empfindlich?, Schlüssel-Schloss-Prinzip, biografische Perspektive, Herkunftsfamilie)
> ▶ Realistische Anerkennung und »Vulnerabilität als Konzept«
> ▶ Punktuelle Bearbeitung im Sinne von Containment, das Gespräch zu zweit als Schon- und Heilungsraum
> ▶ Einführung der soziotechnischen Perspektive: Für was steht der Konflikt in der Organisation? Welche Konflikte anderer Systemteile werden aufgegriffen (widergespiegelt)?
> ▶ Etablierung eines triangulären Systems, der Coach als der ausgleichende Dritte mit wechselnder Identifizierung und dritter Position
> ▶ Erarbeitung eines historischen Konfliktverständnisses
> ▶ Soziale Realität als komplex und mehrdeutig konzipieren

6.2 Untersuchung des manifesten und latenten Konfliktes

Die Durchführung von einem oder mehreren Einzelgesprächen mit den Kontrahentinnen spielt eine wichtige Rolle. In ihnen nimmt der Berater eine Containmenthaltung ein und untersucht den manifesten und latenten Konfliktstoff. Seine Aufgabe besteht darin, neben den bewussten Themen auch unbewusste Aspekte mit zur Sprache zu bringen. In diesem psychodynamischen Interventionsmodell bietet er weitere Dimensionen zum Verständnis des Erlebens seiner Gesprächspartnerin an (vgl. Abbildung 11). Dabei achtet er auf szenische Informationen und verknüpft diese mit der Erzählung und seiner Gegenübertragung. Auf dieser Basis entwickelt er Hypothesen und generiert Interventionen, die seine Gesprächspartnerinnen dabei unterstützen, das Verständnis für die Konfliktsituation zu erweitern.

▶ Fallbeispiel

In einem Erstkontakt mit einem Bereichsleiter, der wegen eines eskalierten Konflikts zwischen ihm und seinem Abteilungsleiter durchgeführt wird, ereignet sich folgende Szene: Der Bereichsleiter legt eine Präsentation auf den Besprechungstisch und zeigt daran wortreich auf, wie viele Gedanken er sich über die Entwicklung seines Teams und über gute Zusammenarbeit macht. Er erklärt, dass man dies wissen müsse, bevor er auf den Konflikt zu sprechen komme. Die Beraterin entwickelt eine Gegenübertragung, in der sie fürchtet, nicht mehr zu ihren eigentlichen Inhalten zu kommen, und sie ist voller Sorge, den Bereichsleiter zu früh zu unterbrechen, weil sie fürchtet, dass dieser sich dann zurückziehen würde. Sie entwickelt die Hypothese, dass sich ihr Gesprächspartner vor Schuldzuweisungen fürchtet und sich auf einem für ihn empfindlichen Terrain befindet. Gleichzeitig vermutet die Beraterin, dass ihr hier unbewusst demonstriert wird, wie der Bereichsleiter Unsicherheit durch einen Vortragsmodus im Gespräch kompensiert. Es ist viel zu früh, um den Bereichsleiter mit ihrer Hypothese zur Angstbewältigung durch Vortragsstil zu konfrontieren, wenngleich diese Art eine unbemerkte konfliktschürende Komponente haben könnte. Sie entschließt sich für eine entlastende Bemerkung: »Auch in Teams, in denen die Führung viel auf Zusammenarbeit achtet, können Konflikte, die eigentlich ein normaler Bestandteil der Arbeit sind, eskalieren. Es geht nicht darum, das zu vermeiden, denn Konflikte haben auch ein kreatives Potenzial. Es geht doch eher darum, sie danach gemeinsam zu klären.« Der Bereichsleiter stimmt lebhaft zu und schiebt seine Präsentation zur Seite. Er wirkt erleichtert und beginnt, den Konflikt zu schildern.

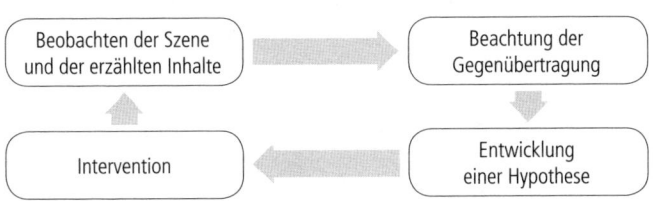

Abbildung 11: Das psychodynamische Interventionsmodell

Diese Containmenthaltung zieht sich durch das gesamte Gespräch. Das obige Beispiel zeigt, wie die unbewusste Sorge vor Bewertung aufgenommen werden und den Boden für den nächsten Schritt bereiten kann.

6.3 Bearbeitung aktivierter psychodynamischer Konfliktthemen

Äußere Konflikte zwischen Kolleginnen einer Organisation mobilisieren unbewusste innere Konfliktfelder bei den Beteiligten. Neben der Bearbeitung der äußeren Konflikte wendet sich die psychodynamische Mediation auch diesen inneren Konflikten zu. In der psychodynamischen Konfliktmediation spielt der Bezug zu den Konflikten, wie sie in dem Arbeitskreis der Operationalisierten Psychodynamischen Diagnostik (OPD) (2006) beschrieben werden und von Benecke und Möller (2013) für die Organisationsberatung modifiziert wurden, eine zentrale Rolle (vgl. Kapitel 3 Coaching). Ihr Ziel ist die Erfassung der zentralen Persönlichkeitseigenschaften und psychischen Basiskompetenzen, die einen Manager dazu befähigen,
- sich in ein Team zu integrieren und unterschiedliche Positionen innerhalb eines Teams auszufüllen,
- sich in Konflikt- und Krisensituationen konstruktiv lösungsorientiert zu verhalten,
- auch unter Stressbedingungen sach- und teamorientiert zu handeln (vgl. Benecke u. Möller, 2013).

Das OPD erfasst zentrale Persönlichkeitsmerkmale und basale strukturelle Kompetenzen auf kognitiv-reflexiver Ebene, emotional-regulativer Ebene und kommunikativer Ebene sowie basale motivationale Leitthemen. Auch situationsübergreifend dominierende unbewusste Motivthemen, Modi der Motiv-Konflikt-Lösungen und die Flexibilität der Motiv-Konflikt-Lösungen werden einbezogen. Die OPD kennt sowohl aktive als auch passive Modi der Verarbeitung, die mit jeweils spezifischen Affekten verbunden sind. Die Beschreibung der Konflikte stellt für die psychodynamische Beraterin ein Koordinatensystem dar, das ihr hilft, ihr Containment auf bestimmte Bereiche zu lenken und die Konflikte über die sachliche Klärung hinaus zu bearbeiten.

Anknüpfend an die Unterscheidung zwischen Standpunkt und Interesse (Fisher, Ury u. Patton, 2013) beschäftigen sich die OPD-Konflikte mit den eher unbewussten Interessen der Kontrahenten. Durch die Beschäftigung mit ihnen kann man klären, welche Bedürfnisse und Motive frustriert wurden und was kommunikativ, symbolisch oder faktisch geschehen müsste, um diesen Bereich wieder zu stabilisieren.

▶ Fallbeispiel (Fortsetzung)

Der Bereichsleiter schilderte den Konflikt wie folgt. Ein Nachbarbereich befindet sich in einer schweren Krise, deshalb hat er seine fünf Abteilungsleiter gebeten, einige Mitarbeiterinnen ihrer Abteilungen zur Aushilfe in den Nachbarbereich zu entsenden. Ein Abteilungsleiter war damit nicht einverstanden und hat seine Ablehnung in einer E-Mail, die auch die anderen Abteilungsleiter erhalten haben, begründet. Dabei führte er aus, welche anderen wichtigen Ziele, die seine Abteilung hochpriorisiert hatte, dann nicht mehr erreicht werden würden. Der Bereichsleiter war über »die Meuterei« empört, hat seinerseits eine E-Mail an den gleichen Verteiler gesendet und seinen Wunsch nun als Anweisung formuliert. Er war so wütend, dass er sich überlegte, dass, falls sich sein Abteilungsleiter nicht fügt, er ihm nahelegen würde, seine Leitung aufzugeben. Gleichzeitig war er sich seiner Wut bewusst und bat seinen Personalberater um eine Mediation, weil er meinte, er habe sich bei einem Gespräch ohne Vermittler mit seinem Abteilungsleiter nicht mehr im Griff. Die Beraterin griff den psychodynamischen Konfliktgehalt der Schilderung auf und erkundigte sich, ob es die Meuterei, also der Ungehorsam, gewesen sei, die ihn so wütend gemacht habe. Der Bereichsleiter bestätigte dies lebhaft. Er habe den Eindruck, einem frontalen Angriff ausgesetzt zu sein. Wenn er das durchgehen ließe, würde er gegenüber seinen anderen Abteilungsleitern die Autorität verlieren. Die Beraterin bemerkte: »Dann geht es Ihnen mehr um Ihre Autorität und die Kontrolle Ihres Bereichs als um die inhaltliche Differenz?« Der Bereichsleiter antwortete darauf: »Eigentlich schon, ich fürchte eine Lawine des Ungehorsams.«

Der beschriebene Konflikt hat bei dem Bereichsleiter die Konfliktachse »Unterwerfung und Kontrolle« aktiviert. Er fürchtet, die Kontrolle als Vorgesetzter zu verlieren und in Hilflosigkeit zu geraten. Deshalb reagiert er mit deutlichem Dominanzstreben. Selbstreflexiv fürchtet er, in einen ungerechten Machtkampf zu treten, und holt einen Mediator als Regulativ hinzu.

▶ Fallbeispiel (Fortsetzung)

Das Gespräch mit dem Abteilungsleiter war davon gekennzeichnet, dass er werbend auf die Mediatorin zuging. Er räumte ohne Weiteres ein, dass seine E-Mail im Verteiler an seine Peergruppe ein Fehler gewesen sei und dass dies dem Umstand geschuldet sei, dass er seine Antwort abends rasch vom Tisch haben wollte und nicht genug darüber nachgedacht habe, was dies auslösen würde. Er war sofort bereit, sich zu entschuldigen und sich unterzuordnen. Die Frage der Mediatorin, ob der vermeintliche Fehler eine tiefere Bedeutung haben könnte, verblüffte den Abteilungsleiter. Nach anfänglicher Ratlosigkeit meinte er, vielleicht wisse sein Chef nicht, dass er nicht an seinem Stuhl sägen würde, denn dafür seien beide zu alt. Allerdings könne er sagen, dass seine Leistungen vom Chef nicht genug gesehen würden und dass dieser zu viel bei ihm hineinregieren würde.

Beziehen wir uns auf die aktivierten Konflikte, so entsteht hier die Vermutung, dass bei dem Abteilungsleiter ein ödipales Konfliktmuster aktiviert wurde, weil er seine Peers als Publikum mit in den Verteiler genommen hat und weil er Rivalität als Thema einführt und diese dann verneint.

6.4 Das gemeinsame Gespräch der Konfliktparteien

Das gemeinsame Gespräch orientiert sich an mehreren Eckpunkten. Zunächst sollte die Themenvielfalt auf ein gemeinsames Thema reduziert werden. A schildert, wie sie die Situation erlebt hat. B stellt Verständnisfragen und wird anschließend eingeladen, die zentralen Botschaften wiederzugeben (vgl. z. B. Doppler u. Lauterburg, 2014). Darüber wird die Erkundung der Mentalisierung des Konfliktpartners regelhaft gefördert und, falls sie gegenseitig noch nicht ausgeübt werden kann, durch die Beraterin stellvertretend übernommen. Nachdem A ihre Perspektive dargestellt hat, wird B gebeten, zu folgenden Fragen zu antworten: Warum hat A so gehandelt? Wie hat A B gesehen? Welche Überlegungen, Motive und Gefühle haben A beschäftigt? Erst nach dieser Phase wird B eingeladen, seine Perspektive auf die Situation zu schildern. Nach unserer Erfahrung ist dies ein entscheidender Gesprächsabschnitt, in dem die Konfliktpartner einander verstehen und aufgrund verbesserter Mentalisierung eine höhere Bereitschaft zeigen, sich aufeinander einzustellen. Wahrgenommene Mentalisierung erhöht die eigene Mentalisierungsfähigkeit.

(!) Mentalisierung in der gemeinsamen Konfliktbearbeitung

- ▶ Einigung auf bearbeitbare und überschaubare Teilthemen
- ▶ Darstellung von A
- ▶ Verständnisfragen
- ▶ B fasst wichtige Botschaften zusammen
- ▶ A meldet zurück, ob ihre zentralen Botschaften erfasst wurden
- ▶ B versetzt sich in A hinein und beantwortet folgende Fragen:
  - Warum hat A so gehandelt?
  - Wie hat A B gesehen?
  - Welche Überlegungen, Motive und Gefühle haben sie beschäftigt?
- ▶ Erst danach: Darstellung von B mit dem Ablauf wie oben für A

Wir arbeiten in diesem Zusammenhang oft mit dem Begriff der Folie, um die Unterschiede der sozialen Wirklichkeit zu erläutern. So sagen wir zum Beispiel:»Jede entwickelt eine (Overhead-)Folie zu einer Situation, es geht zunächst darum, diese Folie zu erfassen und zu verstehen. Deshalb ist es notwendig, auch die Binnenperspektive der Beteiligten zu untersuchen. Anschließend werden die Folien übereinandergelegt und es wird verglichen: Wo stimmen die Bilder überein und wo weichen sie ab? Denkt man sich soziale Wirklichkeit als Schichtung von Folien, dann versteht sich von selbst, dass es keine richtige und keine falsche Folie, sondern nur unterschiedliche gibt. Aus der Analyse der Abweichungen lässt sich der Konflikt besser verstehen und lösen.«

Eine besondere Bedeutung für verfahrene Situationen hat die Bildung einer symbolischen Decke (Kheel, 1999). Die symbolische Decke beschreibt eine erfolgreiche Kooperation in einer Einzelfrage, die auch dann durchgeführt wird, wenn die großen Probleme noch nicht gelöst sind. Durch sie wird Kooperation wieder aufgenommen und ein gemeinsames Erfolgserlebnis produziert.

Beispiel: Beide Geschäftsführer mit ungelöster Konfliktlage akzeptierten als symbolische Decke, dass sie sich jeden Donnerstag um 15 Uhr gegenseitig aus ihren Büros abholen, um dann für alle Mitarbeiterinnen sichtbar für dreißig Minuten in das am Platz gegenüberliegende Café zu gehen und über beliebige Themen zu sprechen.

(?) Leitfragen, um Lösungen zu entwickeln

- ▶ Wie lauten sachliche Interessen?
- ▶ Was sind emotionale Bedürfnisse?
- ▶ Was könnten Schritte in Richtung einer tragbaren Lösung sein?

Nach der Beantwortung der Fragen:
- ▶ Aufbau neuer Spielregeln
- ▶ Entwicklung einer symbolischen Decke

ns/ # 7 Organisationskulturen gestalten – Eigendynamiken erkennen und Spielräume eröffnen

Der »kulturelle Ansatz« gilt heute als einer der wichtigsten Zugänge zur Erforschung von Organisationen. Sie werden demnach von Wissenschaftlern und Praktikern vor allem als »Kulturen« begriffen. Unternehmen werden somit als Organisationen verstanden, die eine »spezifische Miniaturgesellschaft« (Schreyögg, 2012) bilden. Sie schaffen ihre eigene Realität, die sich vor allem in spezifischen kognitiven Strukturierungsmustern, Werthaltungen, Handlungsmustern und Interaktionsprozessen ausdrückt. Für die Mitglieder von Organisationen bleiben die kulturellen Muster im Wesentlichen implizit, sie unterlegen das alltägliche Handeln aber wie selbstverständlich. Organisationskulturen sind »unverwechselbare Vorstellungs- und Orientierungsmuster, die das Verhalten der Mitglieder wie auch das der betrieblichen Funktionsbereiche nachhaltig prägen und somit auch für den Unternehmenserfolg von großer Bedeutung sind« (Schreyögg, 2012, S. 173). Organisationskulturen sind also ein von Menschen geschaffenes Phänomen, das über gewisse Zeiträume von mehreren Individuen als kollektives Sinnsystem entfaltet wird. Sie variieren nach
- ihrer Prägnanz,
- ihrem Verbreitungsgrad und
- ihrer Verankerungstiefe (Schreyögg, 2012, S. 174).

Bei der Analyse von Organisationskulturmustern rückt man ab von nur empirisch beobachtbaren und quantifizierbaren Aspekten von Organisation. Für den latenten Teil des organisatorischen Musters steht aber wenig methodisches Inventar zur Verfügung. Organisations-

kulturmuster sind nur dialogisch erschließbar, nur interpretativ zugänglich. Für psychodynamische Berater ist es jedoch unverzichtbar,
- die Organisationskultur über das Rationale hinaus zu erfassen,
- die Bedeutung sprachlicher und nichtsprachlicher Äußerungen der Organisationsmitglieder zu entschlüsseln,
- die Wirkung der fremden Kultur auf den Berater im Sinne einer Gegenübertragungsanalyse für den Deutungsprozess zu nutzen.

Bei der Analyse der Organisationskultur lässt sich bei sichtbaren Phänomenen oder Symptomen der Organisationskultur beginnen. Neuberger und Kompa (1987, S. 25) unterscheiden:
- *verbale,* im Gespräch übermittelte Symptome der Organisationskultur (z. B. Geschichten, Sprachregelungen, Lieder),
- *interaktionale,* im gemeinsamen Tun liegende Symptome der Organisationskultur (unter anderem Riten, Feiern und Jubiläen, Prozesse der Auswahl und Einführung neuer Organisationsmitglieder, Beförderung, Degradierung und Entlassung oder der Umgang mit Beschwerden) und
- *artifizielle oder objektivierte* Symptome der Organisationskultur (unter anderem Kleidung und äußere Erscheinung, Architektur, Statussymbole, Abzeichen und Logos sowie Idole).

Neben der Oberflächenstruktur sind für die psychodynamische Beratung vor allem verborgene Grundannahmen, Normen und Werte von Bedeutung. Kognitionen als kollektiv verankerte Grundannahmen über die Welt sind den Organisationsmitgliedern oft nur vorbewusst. Wie andere Annahmen auch manifestieren sich organisationskulturelle Übereinkünfte auf kognitiver, verhaltensbezogener und affektiver Ebene. Nahezu automatisch aktivieren sich diese Theorien im Alltag. Sie lenken die Wahrnehmung und Aufmerksamkeit und helfen dem Einzelnen, die erlebte Umwelt leichter zu verstehen und zukünftige Ereignisse zu antizipieren. Sie dienen so als Orientierung, können aber sowohl funktional sein, also das Handeln effektiv unterstützen und Ressourcen aktivieren, als auch dysfunktional, wirken sie sich doch auf die alltägliche Interaktionsgestaltung und das Rollenverständnis der Organisationsmitglieder und schließlich auf deren Wohlbefinden aus. In der Analyse der Organisationskultur, die immer ein dialogischer Prozess zwischen dem zu beratenden System und dem Beraterinnensystem ist, gilt es aus psychodynamischer Perspektive, Automatismen zu verändern, die subjektiven Annahmen zu identifizieren, zu reflektieren und gegebenenfalls zu modifizieren. Organisationskulturmuster müssen aus dem Vorbewussten an die Oberfläche geholt werden.

7.1 Hilfreiche Fragen zur Organisationskultur

(?) Leitfragen zur Organisationskultur

- ▶ Welche Normen und Standards liegen bei uns vor? Sind alle eine Familie oder lieben wir die professionelle Distanz?
- ▶ Welche Basisannahmen dominieren die Vorstellungen über die Beziehung zwischen der Organisation und ihrer Umwelt? Hält man die Umwelt für bedrohlich, wohlwollend oder aber herausfordernd?
- ▶ Mit welchem Zeithorizont arbeitet man?
- ▶ Auf welcher Grundlage wird entschieden, ob etwas »wahr« oder »falsch« ist? Hat man es schon immer so gemacht oder darf es mal etwas Innovatives sein?
- ▶ Welche Vorstellungen über die Natur des Menschen gibt es? Gelten Mitarbeiter vor allem als engagiert oder als Faulpelze und Drückeberger? Werden Menschen als extrinsisch motiviert gesehen und brauchen demnach starke äußere Anreize zur Motivation, also als tendenziell faul, Verantwortung scheuend und Druck benötigend? Dann muss die Führungskraft den Mitarbeiterinnen Vorgaben machen und deren Einhaltung kontrollieren. Wenn hingegen Menschen als intrinsisch motiviert betrachtet werden, davon ausgegangen wird, dass sie von sich aus etwas erreichen wollen und gern Verantwortung über-

nehmen, dann dient die Führungskraft den Mitarbeitern und unterstützt sie bei ihrer Entfaltung.
- ▶ Wie viel Entwicklungsspielraum wird den Mitarbeiterinnen zugebilligt? Empfinden Mitarbeiter ihre Arbeit als fremdgesteuert oder spüren sie ihre Eigenverantwortung sowohl für die Arbeitsergebnisse als auch für ihr Wohlergehen? Sehen sie und nutzen sie ihre Möglichkeiten, über sich hinauszuwachsen (vgl. Brandes, Gemmer, Koschek u. Schültken, 2014)?
- ▶ Welches Verständnis von Arbeit gibt es, ist Arbeit Last oder Lust?
- ▶ Wie werden die zwischenmenschlichen Beziehungen gesehen? Herrscht Wettbewerb oder Kooperation in der Organisation vor?
- ▶ Welche Haltung haben die Organisationsmitglieder zu Konflikten am Arbeitsplatz? Sind sie ein hilfreicher Signalreiz oder eine Katastrophe?
- ▶ Wie steigt man auf? Zählen die Berufsjahre oder die Kompetenz?
- ▶ Wie werden Entscheidungen getroffen, partizipativ oder autoritär?
- ▶ Wird hierarchisch oder im Sinne kollegial geführt?
- ▶ Über welche Themen darf nicht geredet werden?

Psychodynamische Beraterinnen setzen ihre Gegenübertragungsreaktionen auf den Kontakt mit dem zu beratenden System systematisch ein. Dazu ist es sinnvoll, eine Haltung des In-die-Fremde-Gehens einzunehmen, um eine fremde Kultur zu entdecken (Nadig, 1997). Auf diese Weise kann die Wirkung der fremden Kultur auf die Beraterin und ihre Wirkung auf die fremde Kultur als Diagnostikum genommen werden (Möller, 2014). Das bedeutet auch in der Organisationsberatung, nicht zu theoriegeleitet vorzugehen und dem System mit gleichschwebender Aufmerksamkeit zu begegnen. In einem Wechsel aus Involvierung und Distanznahme kann ein vertieftes Verstehen der Organisationskultur erfolgen. Psychodynamische Organisationsberater nehmen Irritationen als Berater ernst und versuchen, sie zu verstehen. Dies gelingt dann besonders gut, wenn sie sich zu Beginn des Kontaktes »in eine[n] prinzipiellen und fundamentalen Zustand des Nichtwissens« (Wellendorf, 1996, S. 179) versetzen.

7.2 Evolution als Perspektive auf Organisationskulturen

Lalaux (2015) legt ein interessantes evolutionäres Modell von Organisationskulturen vor und verbindet diese mit prägnanten Farben: In der sehr alten »roten Kultur« demonstriert der Boss permanent seine Macht; Angst, ein wichtiger Leitaffekt, und Handeln sind kurzfristig ausgerichtet. Beispiele dafür sind verbrecherische Organisationen wie die Mafia. Konformistische bernsteinfarbene Organisationskulturen zeichnen sich durch ihre formale Hierarchie, enorme Stabilität und durch Befehl und Gehorsam aus. Zu ihnen zählen das Militär, Gefängnisse, Psychiatrien, die Kirche und Verwaltungen. Leistungsorientierte orange Kulturen sind z. B. typisch für multinationale Konzerne, Kanzleien und Werbeagenturen. Gesteuert wird über Ziele und Zielvereinbarungen; wie Ziele erreicht werden, bleibt den Akteurinnen weitgehend überlassen. Leistungsorientierte Organisationen streben Wachstum und Gewinn an und fördern darum Innovation; vieles dreht sich bei ihnen um die Konkurrenz. Pluralistische grüne Organisationskulturen sind zwar in Hierarchien organisiert, fördern aber Individualität, Empowerment und Familiengefühl, um außergewöhnliche Leistungen zu erreichen. Zu ihnen zählen Familienunternehmen und Start-up-Unternehmen.

Die jüngste Form der Organisationskultur ist ein evolutionärer türkisfarbener Typ. In dieser Kultur wird Hierarchie durch Selbstorganisation ersetzt; statt Führung wird Selbstführung in autonomen Teams praktiziert und im Mittelpunkt steht die Vermittlung des Sinns und des Zwecks. Die Organisation wird wie ein lebendes System betrachtet, das es weiter zu entwickeln gilt.

7.3 Kann man als psychodynamischer Organisationsberater Kulturen gestalten und diese aktiv verändern?

Auf der einen Seite geht Schreyögg (2012) davon aus, dass sich Organisationskulturen einer gezielten Einflussnahme vollständig entziehen. Auf der anderen Seite sehen wir einen Beraterhype; die Organisationskultur wird inzwischen als so wesentlich für den Erfolg der Organisation angesehen, dass Organisationskulturgestaltung vielfach versprochen und angepriesen wird. Wir nehmen an dieser Stelle eine Zwischenposition ein: Vorauszuschicken ist, dass kulturelle Veränderungsprozesse eine hohe Eigendynamik entfalten und nur bedingt steuerbar sind. Die gemeinsame Analyse der dem Handeln der Organisationsmitglieder zugrunde liegenden Muster, Normen und Einstellung hingegen kann aus unserer Sicht sehr wohl zur Reflexion einladen und zur Gewichtung dessen, was der Organisation nützt und was ihr Leben und Überleben erschwert. Davon ausgehend kann eine Organisation Spielräume der Veränderung definieren und anstreben.

8 Changemanagement – Subkulturen als Initiatoren nutzen

8.1 Nowland und Nextland, die Arbeitsweisen wandeln sich

Die Rahmenbedingungen für erfolgreiches Wirtschaften bleiben nicht gleich, sondern sind technischem und gesellschaftlichem Wandel unterworfen. Altbewährte Muster und Systeme, die insbesondere Industrieunternehmen erfolgreich gemacht haben, werden durch diese Veränderungen ins Wanken gebracht. Es wird daher ein Umdenken vom »Nowland« zum »Nextland« gefordert (Bernardis, Hochreiter, Lang u. Mitterer, 2016). Im Nowland, also in traditionellen Unternehmen, herrschen Effizienz (Standardisierung), Hierarchie, Planbarkeit und Kontrolle. Diese vier Prinzipien galten traditionell als Kompass des Handelns. Im Nextland, der neuen Arbeitswelt, werden sie durch die Prinzipien Sinn, Selbstmanagement (Augenhöhe), Innovation (Prototyping, Experimente), Vertrauen und Feedback abgelöst, wie die folgende Abbildung 12 veranschaulicht. Diese neu bewerteten Prinzipien gewinnen nun als Leitlinien oder als neuer Kompass enorm an Bedeutung.

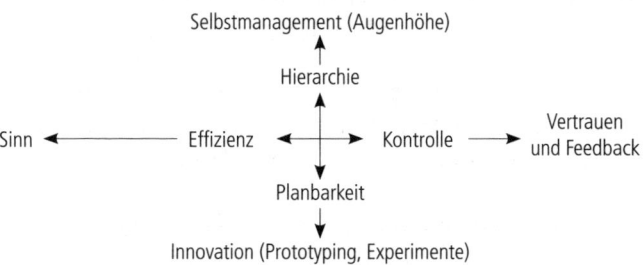

Abbildung 12: Veränderungen in der Arbeitswelt: vom Nowland zum Nextland

Gemeinsam ist den beschriebenen Veränderungen, dass diese Formen von »New Work« nur funktionieren, wenn Menschen und Teams eine besondere Art von »inner work« leisten. Sie müssen sich noch mehr als früher aufeinander beziehen und verstehen, was in der Kollegin vorgeht, und damit eine stärkere Mentalisierung als bisher erbringen. Psychodynamische Changekonzepte fokussieren mit dem soziotechnischen Ansatz auf genau diese Schnittstelle zwischen Organisation und Individuum.

8.2 Containment als Innovationsmotor

Das psychodynamische Changekonzept stellt Containment in den Mittelpunkt der Überlegungen. Container-contained wird als zentrale Bedingung für Veränderungen verstanden. Containment bezieht sich sowohl auf organisatorische Strukturen als auch auf persönliche Interaktionen (siehe Kapitel 2 Arbeitskonzepte – Theorien für die Praxis). Im Kern beschreibt Containment, dass Veränderungen durch eine bestimmte Form von Halt, in dem sich neue Muster entwickeln können, entstehen. Etwas (to be contained) wird von etwas (Container) aufgenommen und verwandelt sich in etwas Neues. Vor diesem Hintergrund wird untersucht, ob hinreichende Containmentbedingungen für Wandel gegeben sind (Diagnostik im Rahmen von Change), und dafür gesorgt, dass funktionale Containmentstrukturen geschaffen werden, um Veränderung und Innovation zu ermöglichen. Daraus folgt, dass Change funktionale Strukturen (Prozesse, Strukturen und Aufgaben) benötigt, in denen Reflexionsräume entstehen, aus denen Neues hervorgehen kann. Diese Einschätzung entspricht aktuellen Innovationsansätzen (Matzler, Bailom, Eichen u. Anschober, 2016), in denen gefordert wird, dass Zwischenräume geschaffen werden müssen, in denen Platz für anderes Denken entsteht. Containment eignet sich als Konzept dazu, komplexe Systeme zu beschreiben, weil davon ausgegangen wird, dass es keine direkte Steuerungsmöglichkeit gibt, sondern nur Anregungsbedingungen hergestellt werden können.

Beispiel: Ein Klinikum lädt zu einer Querschnittsgruppe ein (die Gruppe als Container), in denen Mitarbeiter aus der Medizin, Pflege und Verwaltung zusammenkommen, um über die Primäraufgabe des Klinikums zu diskutieren. Es werden nach dem Konzept von »Organisation in the Mind« unterschiedliche Erlebnisse und Ereignisse, die scheinbar keinen Zusammenhang haben, gesammelt und diskutiert, was diese Stichprobe von Erlebnissen in den Köpfen der Gruppenmitglieder über das Klinikum aussagt. Gemeinsam wird überlegt, welche Einflussmöglichkeiten bestehen, um auf dieses komplexe System einzuwirken (die Gruppe als Reflexionsraum). Die Querschnittsgruppe trifft sich in regelmäßigen Abständen und diskutiert ihre Ergebnisse von Zeit zu Zeit mit dem Vorstand, der daraus wertvolle Impulse für die Entwicklung der Strategie erhält.

8.3 Diagnosemodell für Organisations- und Kulturentwicklung

Psychodynamische Changekonzepte nutzen komplexitätsreduzierende Modelle, um die Entwicklung von Organisationen und deren Kulturen zu beschreiben. Aus ihnen werden Veränderungsimpulse und Maßnahmen abgeleitet. Ein bewährtes Konzept ist das Organisationsdreieck (Zimmermann, 2014), das die folgende Abbildung 13 illustriert.

Abbildung 13: Diagnosemodell für Organisations- und Kulturentwicklung (Zimmermann, 2014)

Anhand der Trias Strategie und Ziele, Person und Führung sowie Aufbaustruktur und Prozesse wird eine umfassende Diagnose vorgenommen, die sich an den folgenden Fragen orientiert: Wie lautet die primäre Aufgabe der Organisation? Wie ist das primäre Risiko zu charakterisieren? (Strategie) Wie wird Führung ausgeübt? Enthält sie hinreichend Containment? (Person und Führung) Welche Prozesse und Aufbaustrukturen werden zur Aufgabenerledigung genutzt? Sind diese geeignet um Neues zu ermöglichen? Behindern sie Innovation? Stehen sie funktional zur Primäraufgabe? Inwiefern sind sie Ausdruck psychosozialer Abwehr?

Aus dieser diagnostischen Phase lassen sich Schritte für Veränderungen ableiten. Geht es zunächst um Führung? Muss die Strategie überarbeitet werden? Sind die Strukturen funktional? Entsprechend einem agilen Prinzip werden Maßnahmen eingeleitet und in kurzen Abständen wird überprüft, welche Effekte sie zeigen und welche weiteren Schritte daraus folgen, um die Organisation in neue Muster zu überführen.

8.4 Emotionalität als Changefaktor

Die Changekurve, die aus der Trauerforschung abgeleitet wurde, beschreibt die emotionale Entwicklung von Menschen, die einem Veränderungsprozess ausgesetzt werden, als linearen Prozess. Psychodynamische Changekonzepte fokussieren auf die beiden emotionalen Pole Angst und Leidenschaft im Rahmen von Arbeit und Veränderung. Auf der einen Seite führt Change häufig zu Reduktion von Halt und Sicherheit: Gewohntes wird infrage gestellt und Neues bietet weniger Halt. Aus diesem Grund steigt das Angstlevel der Betroffenen, was durch adäquate Containmentstrukturen beantwortet werden muss. Auf der anderen Seite kann Arbeit die Quelle von leidenschaftlichem Engagement werden, wenn sie aufgrund flacher Hierarchien und echter Zusammenarbeit als sinnvoll erlebt wird. Leidenschaft und Engagement sind die emotionalen

Schlüsselfaktoren für Innovation und Veränderungsprozesse. Diese Emotionen finden sich häufig in Start-ups; sie erzeugen Spannung und eine Wahrnehmung, die deutlich macht, dass die gegenwärtige Situation in Richtung eines Ideals weiterentwickelt werden kann. Für Change aus psychodynamischer Sicht sind die Emotionen der beteiligten Individuen zentraler Faktor. Sie geben entscheidende Hinweise darauf, wie eine Veränderung mitgetragen und bei Initiativen und Designs berücksichtigt wird.

> ⓘ Emotionen im Change
>
> ▶ Change mit Reduktion von Containment erhöht das Angstlevel.
> ▶ Flache Hierarchien und echte Zusammenarbeit fördern leidenschaftliches Engagement.
> ▶ Leidenschaftliches Engagement zielt auf einen Idealzustand.

8.5 Die Förderung von Subkulturen

Ähnlich wie Brunsson (2000) beurteilt die psychodynamische Changeberatung den alleinigen Effekt von Changeprojekten skeptisch. Einerseits sind Maßnahmen ein unerlässlicher Faktor für Veränderungen. Andererseits entstehen wirksame Veränderungen oft außerhalb der eigentlichen Changeprojekte und lassen sich in den Begriffen von Organisationskultur fassen. Hirschhorn (2017) unterscheidet Beharrungskultur von Entwicklungskultur (siehe Kapitel 2 Arbeitskonzepte – Theorien für die Praxis) und untersucht, inwiefern der öffentliche Raum in Organisationen ein echter Diskussions- und Denkraum ist bzw. inwiefern in ihm ein lediglich ritualisierter Austausch entlang der Hierarchieebenen stattfindet. Veränderung, die von Mitarbeiterinnen selbst mitgetragen wird, vollzieht sich wesentlich leichter, wenn es eine entsprechende Kultur dafür in der Organisation gibt. Aus dieser Perspektive nutzt psychodynamischer Change das Konzept der Kulturentwicklung und fördert die Bildung von bestimmten Subkulturen (Sackmann, 2017).

Generell ist davon auszugehen, dass große Organisationen unterschiedliche Subkulturen haben und dass diese die dominante Kultur unterstützen oder infrage stellen können. Mit dem Begriff Subkultur wird beschrieben, dass sich in einzelnen Abteilungen oder Projekten eine Form der Zusammenarbeit entwickelt, die nicht typisch und erwartbar für die übrige Organisation ist. Psychodynamischer Change fördert und entwickelt jene Subkulturen, die neue Praktiken des Umgangs miteinander und bezüglich der Arbeit an Problemstellungen entwickeln, die im Sinne der Veränderung sind.

Beispiel: In einer Outplacementgesellschaft eines multinationalen Konzerns wurde eine Gruppe von Beratern sich selbst überlassen. Sie verteilten Führungsaufgaben untereinander und entschieden selbst, mit welchen Kandidatinnen sie welches Programm durchführten. Die Kandidatinnen (Mitarbeiterinnen, die den Konzern verließen und neue Arbeitsstellen suchten) wurden darüber informiert, dass sie zwischen den erprobten und den selbstorganisierten Beratergruppen wählen dürften. Es zeigte sich, dass die Kandidatinnen nach kurzer Zeit die Selbstorganisierten bevorzugten und dieses Beraterteam deutlich mehr erfolgreiche Vermittlungen erlangte als die durch Leiterinnen geführten Gruppen. Dies war der Ausgangspunkt, um die Erfahrungen des selbstorganisierten Teams in Workshops mit anderen Teams und Abteilungen zu diskutieren.

Subkultur kann als eine Art Gegenkultur Aufmerksamkeit bei den Mitgliedern der Hauptkultur erzeugen. Sie löst oft Widerspruch und Diskussion aus. Wenn die Gegenkultur attraktiv erscheint, weil sie z. B. angenehm für die Mitglieder und erfolgreich für die Aufgabenerledigung ist, dann kann von ihr ein Sog für die gesamte Organisation ausgehen. Psychodynamische Organisationsentwicklung fördert Subkulturen als Nukleus von Change und erzeugt auf diese Weise eine Spannung in der bestehenden Kultur.

> **(!) Subkultur in der Organisationskultur**
>
> ▶ Subkulturen entwickeln eigene Arbeitsweisen.
> ▶ Subkulturen stehen in Spannung zur Hauptkultur.
> ▶ Attraktive Subkulturen verändern mitunter die Hauptkultur.

9 Strategieentwicklung – Komplexität beidhändig bearbeiten

Keine Organisation ohne Strategie – Strategieentwicklung ist in aller Munde. Die strategische Ausrichtung eines Dienstleistungs- oder produzierenden Unternehmens schafft Ordnung, verleiht Sinn und dient der längerfristigen Sicherung und Entwicklung der Organisation. Sie gilt als der Erfolgsgarant, sucht sie doch nach Wettbewerbsvorteilen, indem sie die Ziele und Richtlinien vorgibt und die Einzigartigkeit des Unternehmens herausstellt. Für die Mitarbeiter dient sie der kollektiven Handlungsausrichtung: Wissen sie um die Strategie und teilen sie diese, so ist die Richtung ihres Handelns klar, sind die Kriterien zur Entscheidungsfindung vorgegeben. Strategie steht somit für das große Ganze der Entwicklungslinie der Organisation. Mintzberg (2012) spricht über Strategie als ein Muster, das über einen Zeitraum hinweg konsistentes Verhalten sehen lässt. Er definiert Strategie als ein »Bündel von Richtlinien, wie mit Situationen umzugehen ist« (Mintzberg, 2012, S. 3).

Strategieentwicklung gilt als eine Kernaufgabe des Managements für die eine Menge an klassischen Instrumenten zur Verfügung steht. Tools wie SWOT, 7S Framework, Balanced Scorecards, Portfolio-Analyse, Benchmarking und vieles mehr gelten als bewährt und Erfolg versprechend. Mit ihrer Hilfe werden die Daseinszwecke der Unternehmen definiert, Entwicklungsfelder markiert und in der Folge kaskadenartig die Ziele der jeweiligen Subsysteme der Organisation abgeleitet. Nach der Entwicklung einer Strategie – häufig mit Unterstützung von Beraterinnen – wird diese dann implementiert und die Binnenstruktur der Organisation bis hin zur Personalentwicklung entsprechend ausgerichtet. Die entwickelten Ziele der Strategie entscheiden dann über die jeweiligen Zeitpläne und Budgets der Beteiligten.

Auch die Vision spielt eine wichtige Rolle im Rahmen der Strategieentwicklung eines Unternehmens. Die Vision beschreibt die Einzigartigkeit des Unternehmens und gibt ihm dadurch eine Identität. In der Mission wird die Vision verschriftlicht und operationalisiert. Oft wird die Mission auch als Unternehmensgrundsatz oder -leitlinie bezeichnet, denn sie hat eine wichtige Kommunikationsfunktion nach innen und außen. Beide Elemente – die Kommunikation nach innen und nach außen – fließen in die Formulierung der strategischen Ziele ein und geben die Rahmenbedingungen für das Handeln der Mitarbeiter vor. Aus dem Wechselspiel zwischen Strategie und Ziel, abgeleitet aus der Vision lässt sich auch der Erfolg des Unternehmens messen.

Zur Strategieentwicklung nutzen viele Organisationen das Expertinnenwissen der Unternehmensberaterinnen. Strategie, so lässt sich aus psychodynamischer Perspektive sagen, absorbiert Unsicherheit in einer immer komplexer werdenden Welt mit ihren Anforderungen der Digitalisierung, des demografischen Wandels und der Globalisierung und mit dem diesen Faktoren innewohnenden Zwang zur Innovation.

Gleichzeitig verändern sich die Märkte in einem atemberaubenden Tempo. Niemand kann antizipieren, wie genau die Kundenbedürfnisse in etwa fünf Jahren aussehen werden. Der technologische Fortschritt ist ebenfalls nur begrenzt planbar, sodass heute von der Sackgasse des strategischen Managements gesprochen wird. Die Idee der Beherrschbarkeit von Zukunft stellt sich als Illusion heraus. Strategische Entscheidungen sind heute vielfach unter Unsicherheit zu treffen. Traditionelle Strategieentwicklung überschätzt die Planbarkeit und auch die Rolle, die der Verstand der Organisationsmitglieder und Kundinnen dabei spielt.

Als Antwort auf diese Herausforderungen gilt das agile Unternehmen. Abgeleitet aus der Softwareentwicklung gilt die »Agilität« als Zauberformel, um auf die steigende Unübersichtlichkeit zu antworten. Stichworte wie »Turbulenz« und »Disruption« beschreiben, dass wir neue Formen von Arbeitsprozessen brauchen, die Flexibilität garantieren. Neue Formen der Koordination von Arbeit jenseits vertrauter Hierarchie werden gesucht. Agilität setzt die Änderung innerer Einstellungen voraus. Sie bedeutet zudem den Abschied von der Illusion der Beherrschbarkeit des Marktes durch klassische Strategieplanung. Die Organisationen können sich dadurch heute nicht mehr mit Fünf-Jahres-Plänen beruhigen. Sie müssen sich unterjährige Planung zumuten und mitunter sowohl lang- als auch kurzfristige Planungsprozesse parallel gestalten. Dieses Prinzip wird als rollende Planung beschrieben, Vordenker plädieren sogar dafür, gar keine Ziele mehr zu fixieren und an ihre Stelle lockere Orientierungen zu setzen.

9.1 Das Graswurzelmodell

Kühl (2016) unterscheidet zwischen der klassischen Zweck-Mittel-Strategie, bei der Unternehmen ihre Ressourcen gezielt auf ein definiertes Ziel ausrichten (kausale Logik), und der Strategie, bei der vorhandene Ressourcen der Ausgangspunkt für die Suche verschiedener Ziele sind. Diese letztgenannte Vorgehensweise wird auch als Graswurzelmodell (Mintzberg u. McHugh, 1985) der Strategieentwicklung bezeichnet, bei der unterschiedliche vorhandene Mittel eingesetzt werden, um parallel verschiedene Ziele zu verfolgen (Effectuation-Logik). Das entscheidende Kapital des agilen Unternehmens ist die Erhöhung der Reagibilität. Im Graswurzelmodell wird die zentral gesteuerte Strategieplanung durch eine hohe Wachsamkeit an den Rändern der Organisation ersetzt. Diejenigen Mitarbeiterinnen, die Kundenkontakt haben, sind gefragt. Auch die Rückmeldungen der Lieferantinnen sind bedeutsam. Mitarbeiter denken und handeln unternehmerisch, indem sie wichtige Informationen von der Peripherie der Organisation in das Zentrum zurückspiegeln. Innovation entsteht durch die Weisheit von unten, dadurch dass radikal von der Kundin her gedacht wird und die Dynamiken der sich verändernden Systemumwelt immer wieder zur unterjährigen Planung genutzt werden. Das Motto lautet: »Fail early and learn quickly.« In ständigen Rückmeldeschleifen kann Neues ausprobiert werden und, ohne zu hohe Kosten zu verursachen, rechtzeitig umgesteuert werden. Diese andere Art des Arbeitens erfordert die Fähigkeit, mit dem Vorläufigen leben zu können. Es macht die stetige Revision von Ideen notwendig und prägt eine Organisation beständigen Lernens. Proaktives Handeln, die Antizipation von Zukunft, die Initiativkraft jedes einzelnen Mitarbeiters ist gefragt.

Die erforderliche Stärkung der Dezentralität setzt aber voraus, dass Führungskräfte Macht abgeben und nur wenn nötig zentral Entscheidungen treffen. Ein iterativer Prozess zwischen den Leitgedanken der Führungskräfte und den kritischen Hinweisen der Mitarbeiterinnen und zurück ist ein anspruchsvolles, aber wirkmächtiges Vorgehen.

9.2 Die Antworten psychodynamischer Strategieentwicklung

In vielen Strategieentwicklungskonzepten finden wir eine starke Tool-Orientierung. Nun ist gegen Methodenvielfalt und -reichtum sicher nichts einzuwenden, sehr wohl aber gegen ein Beratungsverständnis, das in einer Aneinanderreihung von Tools besteht. Ein psychodynamisches Beratungsverständnis plädiert hier eher für eine Entschleunigung, sodass die Affekte, die im Arbeitsalltag nur allzu oft nahezu narkotisiert sind, eine Chance haben, wahrgenommen zu werden. Wir tragen damit dazu bei, dass Wahrnehmung und Reflexion entstehen können, denn nur ein hohes Maß an Bewusstheit über die äußere und innere Realität kann die Grundlage einer sorgsamen Modifikation eigener Deutungs- und Handlungsmuster sein. So braucht es auch Zeit, die eigenen mentalen Modelle, die jemanden leiten, kennenzulernen, sie auf ihre Funktion hin zu überprüfen und gegebenenfalls zu modifizieren. Ein methodisches Feuerwerk setzt manchmal nur eine organisationale Aufgeregtheit fort, Beratung wird zum Event. Geht es im Beratungsprozess nicht oft darum, genau diese Muster aufzulösen? Eine Gefahr besteht darin, dass Methoden an die Stelle von wirklichem In-Kontakt-Treten mit den Beratungskunden rücken, dass Methoden zu Abwehrzwecken missbraucht werden. Die Achtsamkeit der Beraterinnen und Kunden droht auf diese Weise verloren zu gehen. Agilität wird dann mit Schnelligkeit verwechselt und die Entwicklung einer wirklich anderen Haltung verpasst.

Eine wichtige differenzialdiagnostische Frage für die Beratung ist, wann agile Methoden Sinn machen und wann eben gerade nicht. Eine Orientierung kann hier das Prinzip der Ambidextrie sein. Ambidextrie meint die Fähigkeit eines Unternehmens oder einer Führungskraft, nach Neuem zu suchen (Exploration) und Bewährtes zu optimieren (Exploitation), um langfristig anpassungsfähig zu sein. Organisationale Ambidextrie ist die Fähigkeit von Organisationen, zwei Ziele gleichzeitig anzustreben, die Innovation zu verfolgen und bestehende Effizienz zu nutzen. Organisationen, die eine Balance zwischen der Exploration und der Exploitation halten können, bezeichnet man als »beidhändig«. Im Konzept des lateralen (beidhändigen) Führens kommt ebenfalls die Kompetenz des Sowohl-als-auch zum Tragen, die Fähigkeit, flexibel zu sein und dennoch für Beständigkeit zu sorgen. Zentral ist hier die Entscheidung, wann welche Verhaltensstrategie zielführend ist.

Psychodynamische Strategieentwicklung kann helfen, die Ambiguitätskompetenz der Beteiligten weiterzuentwickeln. Auf diese Weise kann auch eine größere Sicherheit im Umgang mit Unsicherheit erreicht werden. Agilität als Mindset ist anspruchsvoll: Sie bedeutet, eben auch die eigene Haltung stets infrage zu stellen, Bewährtes unter Umständen loszulassen und etwas Neues zu wagen. Sie geht einher mit dem Abschied von der Idee einer rein rational gesteuerten Machbarkeit einer Strategie und gibt Raum für Emergenz, das Auftauchen nicht planbarer Innovation. Scharmer nennt diese Haltung in seiner U-Theorie »leading from the emergent future« (Scharmer u. Kaeufer, 2013). Anders ausgedrückt: Es ist nicht vorhersagbar, was die Ergebnisse einer Strategieentwicklung sein werden.

Um agil zu agieren, bedarf es einer Vertrauenskultur (Möller, 2012). Personales Vertrauen der Mitarbeiterinnen und Führungskräfte untereinander wird im Wesentlichen über die Einschätzung der Kompetenz, des Wohlwollens und der persönlichen Integrität moderiert. Viele Mitarbeiter sind geprägt von der Angst vor der Digitalisierung und anderen Herausforderungen der Arbeitswelt 4.0. So kommt der Strategie eine wichtige Orientierung gebende Funktion zu. Was wird mit den Produktivitätssteigerungen, die die Digitalisierung bringt, geschehen? Führt diese zum Downsizing im Interesse der Stakeholderinnen des Unternehmens oder wird sie zum Wohle der Shareholder, der Organisationsmitglieder, genutzt?

Psychodynamische Strategieentwicklung geht von einem psychoanalytischen Menschenbild aus, das als anthropologische Prämisse die grundsätzliche Konflikthaftigkeit des Menschen und seiner Interaktionen setzt. So rechnen psychodynamische Strategieberaterinnen stets mit irrationalem Verhalten. Mikropolitik, Neid, Missgunst, Angst und Liebe – die Berücksichtigung der informellen organisationalen Struktur sind ihr Handwerkszeug. Auch die spezifische Organisationskultur (Möller u. Giernalczyk, 2017), Werte, Normen und Regeln, die das Handeln der Organisationsmitglieder wie selbstverständlich unterlegen, jedoch nur begrenzt bewusstseinsfähig und selten rational zugänglich sind, überraschen sie nicht. Den homo oeconomicus, den viele andere Strategieentwickler zum Ausgangspunkt erklärten, hat es für sie nie gegeben.

Zentrale Prämissen der Arbeit psychodynamischer Strategieberaterinnen sind somit,
- die Organisation nicht als triviale Maschine zu betrachten,
- mit unvorhersehbaren Dynamiken zu rechnen,
- konkurrierende Ziele unterschiedlicher Subsysteme als üblich anzusehen,
- die Eigenwilligkeit der Menschen zu betrachten und
- auszuhalten, dass fast nie alle Informationen zur Hand sind, die gewonnen werden könnten, und Strategieentwicklung trotz Lücken stattfinden muss.

9.3 Das Cynefin-Framework

Ein hilfreiches Modell zur Strategieentwicklung stellt das Cynefin-Framework von Dave Snowden dar (Snowden u. Boon, 2007). Sein Modell beschreibt Probleme, Situationen und Systeme und liefert eine Typologie von Kontexten, die einen Anhaltspunkt dafür bieten, welche Art von Erklärungen und Interventionen wirksam sind und die darüber hinaus Lösungen bereithalten. Cynefin bedeutet »Lebensraum« oder »Platz« und stammt aus dem walisischen Sprachraum. Eine vollständige Übersetzung würde aussagen, dass Menschen mehrere Vergangenheiten haben, die ihnen nur teilweise bewusst sein können: kulturelle, religiöse, geografische, stammesgeschichtliche und so weiter. Snowden verwendet den Begriff, um die evolutionäre Natur komplexer Systeme zu veranschaulichen. Sein Modell findet Anwendung im Wissensmanagement, in der Entscheidungsfindung und in der Strategieentwicklung. Cynefin unterscheidet fünf unterschiedliche Systeme, die allerdings gleichzeitig in ein und demselben Unternehmen zum Tragen kommen.

1. *Einfache Systeme* (simple) zeichnen sich dadurch aus, dass ihre Elemente geordnet und mit sofort erkennbaren Ursache-Wirkung-Beziehungen verknüpft sind. Für diese Problemlagen gilt das Handlungsmuster »beobachten – kategorisieren – reagieren«. Es können bewährte Praktiken, über die alle Organisationsmitglieder verfügen, angewendet werden.
2. *Komplizierte Systeme* (complicated) sind wie die einfachen Systeme geordnet. Allerdings sind die Ursache-Wirkung-Beziehungen zwischen den einzelnen Elementen so vielfältig und zahlreich, dass man spezielles Fachwissen benötigt und sie explizit analysieren muss, um sie nachvollziehen zu können. Das Handlungsmuster für komplizierte Systeme ist dementsprechend »beobachten/messen – analysieren – reagieren« und man kann gute Praktiken (good practice) anwenden.
3. In *komplexen Systemen* (complex) kann die Beziehung zwischen Ursache und Wirkung nur im Nachhinein wahrgenommen wer-

den, aber nicht im Voraus. Hier ist der Ansatz »probieren – beobachten/messen – reagieren« sinnvoll und es entstehen emergente Praktiken (emergent practice).
4. *Chaotische Systeme* (chaotic) zeigen keine Beziehung zwischen Ursache und Wirkung auf der Systemebene. Hier ist der Ansatz »handeln – beobachten – reagieren« angemessen und innovative Praktiken können entdeckt werden. Auf identischen Input kann das System mit unterschiedlichen Outputs reagieren, da es sich beständig verändert. Zielorientierung und Steuerung sind in chaotischen Systemen nicht möglich.
5. *Verwirrung* (disorder) meint den Zustand des Nichtwissens darüber, welche Art von Kausalität besteht. In diesem Zustand gehen die Organisationsmitglieder in ihre eigene Komfortzone zurück, wenn sie eine Entscheidung fällen, das heißt, sie treffen Entscheidungen dann nur aufgrund ihrer bestehenden Erfahrungen, ohne die tatsächliche Situation zu berücksichtigen.

Komplexität, als allgemein geteilte Beschreibungskategorie heutiger Unternehmen, lässt also nur das gemeinsame Ausprobieren und die reagible Nachsteuerung nach der Analyse der Effekte zu. Macht das Lust auf Strategie (Nagel, 2014)?

> (!) Neue Strategieentwicklung
>
> ▶ Strategie erzeugt Muster für konsistentes Handeln.
> ▶ Rascher Wandel der Märkte erfordert agile Planung.
> ▶ Das Graswurzelmodell ersetzt zentrale Strategieplanung durch erhöhte Wachsamkeit an den Rändern der Organisation.
> ▶ Psychodynamische Strategieberatung kalkuliert Konflikthaftigkeit, Irrationalität und Mikropolitik mit ein.
> ▶ Sie fördert Reflexion eigener Handlungsmodelle.
> ▶ Das Cynefin-Framework stellt Handlungsmuster für komplizierte und komplexe Situationstypen zur Verfügung.

10 Selbstreflexion als persönliche Voraussetzung des Beraters

10.1 Die Rolle der eigenen Emotion

Bisher ist deutlich geworden, dass psychodynamische Beratung mit der systemischen Beratung den Blick auf systemische Interdependenzen, die Komplexität von Veränderungsprozessen und die breite Einbeziehung der Klientel gemeinsam hat. Es ist sicher auch deutlich geworden, dass für die psychodynamische Beratung die Rolle der Emotionalität der Beraterin von zentraler Bedeutung ist: die systematische Nutzung von Übertragungs- und Gegenübertragungsphänomenen. Darüber hinaus spielt die Analyse individueller und kollektiver Angst und Abwehr im System eine wichtige Rolle. Die Orientierung an der grundsätzlichen Konflikthaftigkeit menschlichen Erlebens und Verhaltens hilft uns zudem, dem emotionalen Aufruhr, wie er in Organisationen vorzufinden ist, angemessen zu begegnen. Schließlich hilft die psychodynamische Haltung in besonderer Weise dabei, sich im Kräftefeld von Organisationen souverän zu bewegen und die Verwicklung im Beratungssystem unaufgeregt, aber hartnäckig zu bemerken und aufzulösen – zum Wohle des Kunden und der Beraterin!

10.2 Stetige Supervision oder Intervision

Psychodynamische Berater stellen ihre Beratungsarbeit immer wieder zur Disposition. In Intervision- oder Supervisionsgruppen lassen wir uns in die Karten schauen, nutzen die Balintschen Spiegelphänomene im Kolleginnenkreis, um den zu beratenden Systemen die Gelegenheit zu geben, sich im Beratersystem zu spiegeln. Kollegiale Konfrontationen minimieren unsere eigene Abwehr und ergänzen die Arbeit durch Perspektiverweiterung. Neben der Affektkalibrierung, die in der Arbeit mit hochkomplexen Systemen immer wieder vonnöten ist, um wildes Agieren zu vermeiden, dienen kollegiale Beratungen unserem lebenslangen Lernen und unserer Persönlichkeitsentwicklung über die Förderung selbstreflexiver Prozesse. Eine sichere Bindung zur Beraterin kann von unseren Auftraggebern nur dann entstehen, wenn wir selbst sicher in unserer Identität als Coach sind und durch Fremdfeedback gesichert werden.

10.3 Die Bedeutung der Selbsterfahrung

Um qualitativ gut zu beraten, braucht es die Reflexion der eigenen organisationalen Sozialisation. Wie sieht mein Verhältnis zu Macht und Einflussnahme aus? Was sind die vorbewussten Motive zur Berufswahl Berater? Oft sind es die eigenen Wünsche nach Partizipation an der Macht der Ratsuchenden, die Coaches auf der unbewussten Ebene zur Wahl eben dieses Berufes motivieren. Sie verweigern die eigene Führungsrolle und entlehnen sich Dominanz durch den Status ihrer Klientel (je hierarchisch höher, desto besser). Es geht uns nicht darum, diese Motive zu denunzieren. Diese Fragen sollten jedoch einer Reflexion unterzogen werden, um im Sinne der Abstinenz oder Allparteilichkeit arbeiten zu können. Ebenso sieht es mit dem Verhältnis zur Organisation aus.

Folgen wir Gehlen (2016), so ist eine Organisation in ihrer psychischen Funktion ein janusgesichtiges Geschöpf: Sie gibt zugleich Sicherheit und ist Bedrängnis. Die Motivation zur Ausbildung zum Berater ist oft genug die, dieser Bedrängnis zu entkommen. Aber welche Folgen hat eine solche Motivation für die Beratungsprozesse, wenn sie nicht bewusstseinsfähig gemacht wird? Um beraterische Allparteilichkeit zu erreichen, muss die Beraterin ihre eigene »Organisationsgeschichte« mit allen Ambivalenzen hinlänglich reflektiert haben. Um ausreichende Beziehungsfähigkeit zu erlangen, um Übertragungs- und Gegenübertragungsphänomene nutzen zu können, müssen wir unser Erleben und unsere automatisierten Reaktionsbereitschaften kennengelernt und unsere blinden Flecke minimiert haben.

> (!) Psychodynamische Berater
>
> ▶ Psychodynamische Berater nutzen ihre Emotionalität zur Diagnostik.
> ▶ Psychodynamische Berater arbeiten unter intensiver Supervision.
> ▶ Im Beratersystem spiegelt sich die Dynamik des Kundensystems.
> ▶ Psychodynamische Berater brauchen eine organisationale Selbsterfahrung.

11 Literatur

Arbeitskreis der Operationalisierten Psychodynamischen Diagnostik (OPD) (2006). Operationalisierte Psychodynamische Diagnostik OPD-2. Das Manual für Diagnostik und Therapieplanung. Bern: Huber.

Argelander, H. (1970). Das Erstinterview in der Psychotherapie. Darmstadt: Wissenschaftliche Buchgesellschaft.

Balint, M. (1957). Der Arzt, sein Patient und die Krankheit. Stuttgart: Klett-Cotta.

Benecke, C., Möller, H. (2013). OPD-basierte Diagnostik im Coaching. In H. Möller, S. Kotte (Hrsg.), Diagnostik im Coaching. Grundlagen, Analyseebenen, Praxisbeispiele (S. 183–198). Heidelberg/Berlin: Springer.

Bernardis, A., Hochreiter, G., Lang, M., Mitterer, G. (2016). Auf zu neuen Ufern. Harvard Business Manager, Sonderheft, 89–95.

Bion, W. R. (1961/1990). Erfahrungen in Gruppen und andere Schriften. Frankfurt a. M.: Fischer.

Bion, W. R. (1990). Lernen durch Erfahrung. Frankfurt a. M.: Suhrkamp.

Bolm, T. (2009). Mentalisierungsbasierte Therapie (MBT): für Borderline-Störungen und chronifizierte Traumafolgen. Köln: Deutscher Ärzte-Verlag.

Brandes, U., Gemmer, P., Koschek, H., Schültken, L. (2014). Management Y. Agile, Scrum, Design Thinking & Co.: So gelingt der Wandel zur attraktiven und zukunftsfähigen Organisation. Frankfurt a. M.: Campus.

Brockmann, J., Kirsch, H. (2015). Mentalisieren in der Psychotherapie. Psychotherapeutenjournal, 14, 13–22.

Brunsson, N. (2000). The irrational organization. Copenhagen: Business School Press.

Deutscher Bundesverband Coaching e. V. (o. J.). Positionspapiere Zugriff am 24.05.2018 unter www.dbvc.de/materialien/downloads/positionspapiere.html

Döring, P. (2013). Mentalisierungsbasiertes Management. In U. Schultz-Venrath, P. Döring (Hrsg.), Lehrbuch Mentalisieren. Psychotherapien wirksam gestalten (S. 351–382). Stuttgart: Klett-Cotta.

Doppler, K., Lauterburg, C. (2014). Change-Management. Den Unternehmenswandel gestalten (13., aktualisierte und erw. Ausg.). Frankfurt a. M.: Campus.

Fisher, R., Ury, W., Patton, B. (2013). Das Harvard-Konzept. Der Klassiker der Verhandlungstechnik (24. Aufl.). Frankfurt a. M.: Campus.

Fonagy, P., Gergely, G., Jurist, E. L., Target, M. (2002). Affect regulation, mentalization and the development of the self. London/New York: Karnac.

Foulkes, S. H. (1992). Gruppenanalytische Psychotherapie. Stuttgart: Klett-Cotta.

Gehlen, A. (2016). Der Mensch: Seine Natur und seine Stellung in der Welt. Frankfurt: Klostermann.

Giernalczyk, T., Albrecht, C. (2012). Psychodynamisches Coaching. In T. Giernalczyk, M. Lohmer (Hrsg.), Das Unbewusste im Unternehmen. Psychodynamik von Führung, Beratung und Change Management (S. 77–90). Stuttgart: Schäffer-Poeschel.

Giernalczyk, T., Lazar, R. A., Albrecht, C. (2012). Die Rolle der Führungskraft und des Beraters als Container. In T. Giernalczyk, M. Lohmer (Hrsg.): Das Unbewusste im Unternehmen. Psychodynamik von Führung, Beratung und Change Management (S. 25–37). Stuttgart: Schäffer-Poeschel.

Giernalczyk, T., Lazar, R. A. Lohmer, M. (2015). Arbeitsprinzipien des Tavistock Modells. Unveröffentlichtes Workshop-Manuskript. München: IPOM.

Giernalczyk, T., Lohmer, M. (2012). Das Unbewusste im Unternehmen. Psychodynamik von Führung, Beratung und Change Management. Stuttgart: Schäffer-Poeschel.

Giernalczyk, T., Lohmer, M., Albrecht, C. (2013). Psychodynamische Zugänge zur Coaching-Diagnostik. In H. Möller, S. Kotte (Hrsg.), Diagnostik im Coaching. Grundlagen, Analyseebenen, Praxisbeispiele (S. 17–32). Heidelberg/Berlin: Springer.

Glasl, F., Kalcher, T., Piber, H. (2014). Professionelle Prozessberatung. Das Trigon-Modell der sieben OE-Basisprozesse (3., überarb. und erg. Aufl.). Bern: Haupt.

Goebel, A., Hinn, D. (2016). Die Bedeutung des Mentalisierungskonzepts für das Coaching. Organisationsberatung, Supervision, Coaching, 1, 24–42.

Hinshelwood, R. D., Skogstad, W. (Eds.) (2001). Observing organisations. Anxiety, defence and culture in health care. London/Philadelphia: Routledge.

Hirschhorn, L. (2004). Das primäre Risiko. In M. Lohmer (Hrsg.), Psychodynamische Organisationsberatung. Konflikte und Potentiale in Veränderungsprozessen (S. 98–118). Stuttgart: Klett-Cotta.

Hirschorn, L. (2014). Beyond BART (boundaries, authority, role and task): Knowledge work and the Developmental project. Paper presented at ISPSO, Santiago, Chile.

Hirschhorn, L. (2017). Extending the tavistock model: Bringing passion danger, dread and exitement into a theory of organizational process. München, M19 Manufaktur für Organisationsberatung, unveröffentlichtes Workshop-Manuskript.

Kheel, T. (1999). The keys to conflict resolution. Proven methods of settling disputes voluntarily. New York: Four Walls Eight Windows.

Kotte, S., Taubner, S. (2016). Mentalisierung in der Teamsupervision. Organisationsberatung, Supervision, Coaching, 1, 75–89.

KPGM AG Wirtschaftsprüfungsgesellschaft (2009). Konfliktkostenstudie. Die Kosten von Reibungsverlusten in Industrieunternehmen. Zugriff am 02.01.2018 unter https://www.soziale-arbeit.bfh.ch/uploads/tx_frppublikationen/KPMG_Konfliktkostenstudie_02.pdf

Kühl, S. (2008). Coaching und Supervision. Zur personenorientierten Beratung in Organisationen. Wiesbaden: VS Verlag für Sozialwissenschaften.

Kühl, S. (2016). Strategien entwickeln. Eine kurze organisationstheoretisch informierte Handreichung. Heidelberg: Springer.

Kuhl, J. (2001). Motivation und Persönlichkeit. Interaktionen psychischer Systeme. Göttingen u. a.: Hogrefe.

Lalaux, F. (2015). Reinventing organizations. Ein Leitfaden zur Gestaltung sinnstiftender Formen der Zusammenarbeit. München: Vahlen.

Lazar, R. A. (1994). W. R. Bions Modell »Container – Contained« als eine (psychoanalytische) Leitidee in der Supervision. In H. Pühl (Hrsg.), Handbuch der Supervision II (S. 380–402). Berlin: Edition Marhold.

Lawrence, W. G. (1979). A Concept for today: The management of oneself in role. In W. G. Lawrence (Ed.), Exploring individual and organizational boundaries: A Tavistock open systems approach (pp. 183–201). Chichester: Wiley.

Lohmer, M., Möller, H. (2014). Psychoanalyse in Organisationen. Einführung in die psychodynamische Organisationsberatung. Stuttgart: Kohlhammer.

Matzler, K., Bailom, F., Eichen, S., Anschober, M. (2016): Digital Disruption. Wie Sie Ihr Unternehmen auf das digitale Zeitalter vorbereiten. München: Vahlen.

Malan, D. (1979). Individual Psychotherapy and since of Psychodynamics. London: Butterworth.

Mentzos, S. (1988). Interpersonale und institutionalisierte Abwehr. Frankfurt a. M.: Suhrkamp.

Miller, E., Rice, K. A. (1990). Task and sentient systems and their boundary controls. In E. Trist, H. Murray (Eds.), The social engagement of social science (pp. 146–161). Vol. 1. Philadelphia: University of Pennsylvania.

Mintzberg, H. (2012). Strategy Safari: Der Wegweiser durch den Dschungel des strategischen Managements. München: FinanzBuch Verlag.

Mintzberg, H., McHugh, A. (1985). Strategy formation in an adhocracy. Administrative Science Quarterly, 30, 180–197.

Möller, H. (2001). Was ist gute Supervision? Grundlagen – Merkmale – Methoden. Stuttgart: Klett-Cotta.

Möller, H. (2010). Beratung in einer ratlosen Arbeitswelt. Göttingen: Vandenhoeck & Ruprecht.

Möller, H. (Hrsg.) (2012). Vertrauen in Organisationen. Riskante Vorleistung oder hoffnungsvolle Erwartung? Wiesbaden: VS Verlag für Sozialwissenschaften.

Möller, H. (2014). Ethnopsychoanalytische Zugänge in der Beratung von Organisationen. In M. Lohmer, H. Möller, Psychoanalyse in Organisationen. Einführung in die psychodynamische Organisationsberatung (S. 56–77). Stuttgart: Kohlhammer.

Möller, H., Giernalczyk, T. (Hrsg.) (2017). Organisationskulturen im Spielfilm. Von Banken, Klöstern und der Mafia: 29 Film- und Firmenanalysen. Berlin/Heidelberg: Springer.

Möller, H., Giernalczyk, T., Schubert, D. (2018). Individuelle und kollektive Abwehrmechanismen im Coaching. In S. Greif, H. Möller, W. Scholl (Hrsg.), Handbuch Schlüsselkonzepte im Coaching (S. 255–264). Berlin/Heidelberg: Springer.

Möller, H., Kotte, S. (2013). Diagnostik im Coaching. Grundlagen, Analyseebenen, Praxisbeispiele. Heidelberg/Berlin: Springer.

Nadig, M. (1997). Die verborgene Kultur der Frau. Ethnopsychoanalytische Gespräche mit Bäuerinnen in Mexiko. Subjektivität und Gesellschaft im Alltag von Otomi-Frauen. Frankfurt a. M: Fischer.

Nagel, R. (2014). Lust auf Strategie. Workbook zur systemischen Strategieentwicklung. Stuttgart: Schäffer-Poeschel.

Neuberger, O. (2002). Führen und führen lassen. Ansätze, Ergebnisse und Kritik der Führungsforschung (6., völlig neu bearb. und erw. Aufl.). Stuttgart: Lucius und Lucius.

Neuberger, O., Kompa, A. (1987). Wir, die Firma. Der Kult um die Unternehmenskultur. Weinheim: Beltz.

Obholzer, A. (2004). Führung, Organisationsmanagement und das Unbewusste. In M. Lohmer (Hrsg.), Psychodynamische Organisationsberatung. Konflikte und Potentiale in Veränderungsprozessen (S. 79–97). Stuttgart: Klett-Cotta.

Odgen, T. H. (2006). Frühe Formen des Erlebens. Gießen: Psychosozial-Verlag.

Racker, H. (1978). Psychoanalytische Technik und der unbewusste Masochismus des Analytikers. In H. Racker (Hrsg.), Übertragung und Gegenübertragung und Gegenübertragung. Studien zur psychoanalytischen Technik (S. 202–208). München: Reinhard.

Sackmann, S. (2017). Von Macht und Dominanz, die Entwicklung, Selbstbestimmung und Wahrheit unterdrücken. Analyse von Organisationskulturen: Club der toten Dichter. In H. Möller, T. Giernalczyk (Hrsg.), Organisationskulturen im Spielfilm. Von Banken, Klöstern und der Mafia: 29 Film- und Firmenanalysen (S. 195–204). Berlin/Heidelberg: Springer.

Scharmer, O., Kaeufer, K. (2013). Leading from the Emerging Future: From Ego-System to Eco-System Economies. San Francisco: Berrett-Koehler.

Schefold, W., Giernalczyk, T., Glinka, H. J. (Hrsg.) (2008). Krisenerleben und Krisenintervention. Ein narrativer Zugang. Tübingen: DGVT-Verlag.

Schreyögg, G. (2012). Grundlagen der Organisation. Basiswissen für Studium und Praxis. Heidelberg: Springer.

Snowden, D., Boone, M. E. (2007). A leader's framework for decision making. Harvard Business Review, 85 (11), 68–76. Zugriff am 07.01.2018 unter https://www.researchgate.net/publication/5689229_A_Leaders_Framework_for_Decision_Making

Taubner, S. (2015). Konzept Mentalisieren. Eine Einführung in Forschung und Praxis. Gießen: Psychosozial-Verlag.

Twemlow, S. W., Fonagy, P., Sacco, F. (2005). A developmental approach to mentalizing communities: A model for social change. Bulletin of the Menninger Clinic, 69, 265–281.

Wellendorf, F. (1996). Überlegungen zum »Unbewußten« in Institutionen. In H. Pühl (Hrsg.), Supervision in Institutionen: eine Bestandsaufnahme (S. 173–186). Frankfurt a. M.: Fischer.

Weisbord, M. (1978). Organizational diagnosis. A workbook of theory and practice. New York: Basis Books.

Wimmer, R., Giernalczyk, T., Lohmer, M., Lazar, R., Jahn, R., Nolten, A. (2017). Betreff: Organisationsberatung. E-Mail-Diskurs zur Frage psychoanalytischer/systemtheoretischer Beratung von Organisationen. Supervision: Mensch, Arbeit, Organisation, 1, 4–14.

Zimmermann, M. (2014). Kulturentwicklung. M19 Manufaktur für Organisationsberatung GmbH, München. Zugriff am 09.12.2017 unter www.m19-organisationsberatung.de/Kulturentwicklung/

BERATEN IN DER ARBEITSWELT

Rolf Haubl
Emotionen bei der Arbeit
Reflexionshilfen für Beratende

2018. 92 Seiten, kartoniert
ISBN 978-3-525-40293-1

Emotionale Erfahrungen – auch in Organisationen, unterliegen als Muster menschlichen Erlebens einer Logik. Diese herauszuarbeiten ist eine wesentliche Stärke dieses Bandes.

Falko von Ameln
Führung und Beratung
Kognitive Landkarten durch die Welt der Führung für Coaching, Supervision und Organisationsberatung

2018. 132 Seiten mit 13 Abb. und 7 Tab., kartoniert
ISBN 978-3-525-45257-8

Falko von Ameln bereitet beratungsrelevantes Wissen über Führung in kompakter Form auf. Das Buch versteht sich als Navigator durch Wissensbestände und Führungsdiskurse.

Vandenhoeck & Ruprecht Verlage
www.vandenhoeck-ruprecht-verlage.com

BERATEN IN DER ARBEITSWELT

Daniela Rastetter | Christiane Jüngling
Frauen, Männer, Mikropolitik
Geschlecht und Macht in Organisationen

2018. 96 Seiten mit 2 Abb., kartoniert
ISBN 978-3-525-45250-9

Wie gelingt Geschlechtergerechtigkeit tatsächlich in Organisationen?

Stefan Busse | Erhard Tietel
Mit dem Dritten sieht man besser
Triaden und Triangulierung in der Beratung

2018. 108 Seiten mit 20 Abb., kartoniert
ISBN 978-3-525-49162-1

Am Beispiel der Supervision wird gezeigt, wie sich lebensweltliche, arbeitsweltliche und beraterische Triaden ineinander verschränken.

 **Vandenhoeck & Ruprecht** Verlage
www.vandenhoeck-ruprecht-verlage.com